Liza Dopatka

Franziska Keursten · Verena Spatz

Elektrizitätslehre in Kontexten

Band 1

Vom einfachen Stromkreis
bis zur elektrischen Stromstärke

Kopiervorlagen mit Lösungen

Danksagung

Besonderer Dank gilt allen Lehrkräften sowie Schülerinnen und Schülern, die die Unterrichtsmaterialien erprobt und durch ihr Feedback maßgeblich zu ihrer Gestaltung beigetragen haben. Des Weiteren möchten wir uns für die gute Zusammenarbeit mit den Professorinnen und Professoren der Physikdidaktik sowie wissenschaftlichen Mitarbeiterinnen und Mitarbeitern verschiedener Standorte bedanken: Prof. Dr. Wilhelm (Goethe-Universität Frankfurt), JProf. Dr. Burde (Eberhard Karls Universität Tübingen), Prof. Dr. Haagen-Schützenhöfer (Universität Graz), Prof. Dr. Hopf (Universität Wien), Herrn Dr. Schubatzky (Universität Graz), Frau Dr. Ivanjek (Universität Wien) und Frau Tampe (TU Darmstadt).

Gedruckt auf umweltbewusst gefertigtem, chlorfrei gebleichtem
und alterungsbeständigem Papier.

4. Auflage 2023

Satz: Liza Dopatka
Abbildungen: Franziska Keursten, Liza Dopatka
Druck: Rausch Druck GmbH, Aindlinger Str. 14, 86167 Augsburg

ISBN 978-3-95660-**397**-6 www.brigg-verlag.de

Inhaltsverzeichnis

Vorwort 4

Kommentierter Beispielauszug 5

Aufgabenteil

Der heiße Draht 6
Elektriker: Schaltsymbole und Schaltpläne 12
Das Hotelzimmer: All inclusive – nur das Licht nicht! 15
Der Hotelföhn 19
Das Chamäleon 23
Die Krabbenspinne 27
Mülltrennung 30
Modell der elektrischen Leitfähigkeit 36
Mehr Sicherheit bei Nebel 38
Der Lügendetektor 43
Elektrotherapie bei Sportlern 48

Lösungsteil mit didaktischem Kommentar

Der heiße Draht 57
Elektriker: Schaltsymbole und Schaltpläne 63
Das Hotelzimmer: All inclusive – nur das Licht nicht! 67
Der Hotelföhn 72
Das Chamäleon 77
Die Krabbenspinne 82
Mülltrennung 86
Modell der elektrischen Leitfähigkeit 93
Mehr Sicherheit bei Nebel 96
Der Lügendetektor 102
Elektrotherapie bei Sportlern 108

Vorwort

Liebe Kolleginnen und Kollegen,

hier finden Sie einige Hinweise zum Einsatz der kontextorientierten Unterrichtsmaterialien.
Die Unterrichtsmaterialien bieten sich vor allem zum Einstieg in Themen der Elektrizitätslehre an. Die Reihenfolge ist dabei so angeordnet, dass die physikalischen Inhalte der Kontexte aufeinander aufbauen. Die Materialien können jedoch auch einzeln eingesetzt werden, da sie thematisch in sich abgeschlossen sind. Mit der Erarbeitung von Inhalten wird dabei ein qualitatives Verständnis physikalischer Konzepte angestrebt. Die Struktur der Unterrichtsmaterialien erleichtert hierbei den Überblick und ermöglicht ein selbstständiges Arbeiten der Schülerinnen und Schüler.

Die verwendeten Symbole in den Kontextmaterialien:	
[Sprechblase mit ?]	Kennzeichnet die zentrale Fragestellung des Kontextes, die im Folgenden erarbeitet wird.
Hilfe	Hilfen zur Bearbeitung für Schülerinnen und Schüler, um eine Differenzierung bei der Bearbeitung des Kontextes zu ermöglichen.
★ oder ★★	Schwierigkeitsgrad von Aufgaben, wobei eine Variante gewählt bzw. ★ zur Hilfe von ★★ genutzt werden kann.
Experiment	An Stellen mit diesem Symbol wird der Hinweis auf ein Experiment gegeben, das sich zu den physikalischen Inhalten anbietet. Bitte beachten Sie bei Experimenten die Sicherheit im Unterricht (RiSU).
Zeitungsartikel	Dieses Symbol verweist auf zusätzliche Informationen, hier z.B. auf einen Zeitungsartikel zu dem entsprechenden Thema.
[Kasten]	Wichtige Informationen, physikalische Erkenntnisse, neue Größen, Merksätze, Zusammenhänge oder Ergebnisse sind mit einem solchen Kasten markiert.
Zusatzaufgaben	Zusatzaufgaben, die zur Übung, Anwendung oder Vertiefung der physikalischen Inhalte eingesetzt werden können.
[...]	Text in Klammern gibt Ihnen zusätzliche Informationen oder Lösungen, die jedoch nicht unbedingt von Lernenden zu erwarten sind.

Methodisch kann der Einsatz der Unterrichtsmaterialien frei gestaltet werden. Anregungen hierzu finden Sie im didaktischen Kommentar vor der Lösung des jeweiligen Kontextes. Die Anregungen umfassen Links zu passenden Videos im Internet, zu weiteren Experimenten oder zur bewegten Schule.

Kommentierter Beispielauszug aus dem kontextorientierten Unterrichtsmaterial

Der Lügendetektor

Der Lügendetektor wurde Anfang des 20. Jahrhunderts von Psychologen entwickelt, um in juristischen Strafverfahren Schuldige zu überführen. In Fachkreisen wird er Polygraph genannt. Dieses Gerät misst körperliche Reaktionen des Menschen. Lügendetektortests wurden und werden heute noch hauptsächlich in den USA angewendet, zum Beispiel bei polizeilichen Ermittlungen oder sogar Bewerbungsgesprächen.

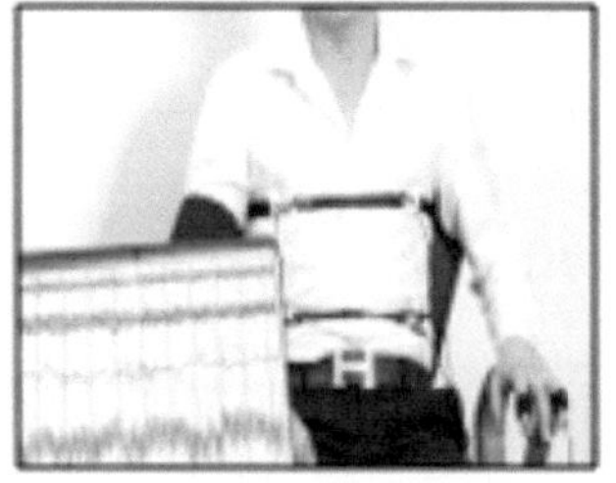

Bild 1: Lügendetektor

Jeder Kontext beginnt mit einer Einleitung, die mit kurzem Text und Bild auf den folgenden Inhalt neugierig macht.

Aufgabe 1) Lügen

Nenne körperliche Reaktionen, die einen Menschen beim Lügen entlarven können.

ⓘ Messungen beim Lügendetektor

Darauf folgen häufig Aufgaben, die das Vorwissen der Lernenden zu dem Thema aktivieren.

Beim Lügendetektortest werden vier verschiedene Körperfunktionen aufgezeichnet: ① Blutdruck, ② Puls, ③ Atemfrequenz und die ④ elektrische Leitfähigkeit.

Blutdruck, Puls und Atemfrequenz hast du vielleicht schon einmal selbst ermittelt: den Blutdruck mit dem Blutdruckmessgerät zu Hause, den Puls im Sportunterricht mit Zeige- und Mittelfinger oder die Atemfrequenz gezählt (bei Kindern etwa 16 bis 25 Atemzüge pro Minute).

Aufgabe 2) Stromkreis beim Lügendetektor

Anschließend wird der Kontext mit physikalischem Wissen verknüpft (Identifizierung des Stromkreises).

Um die elektrische Leitfähigkeit zu bestimmen, werden zwei Finger der befragten Person jeweils mit einer **Elektrode** verbunden (siehe Bild 2).

a) Zeichne in Bild 2 einen Schaltplan ein, an dem erkennbar ist,

- wie der Stromkreis geschlossen wird
- dass während einer Befragung dauerhaft elektrischer Strom durch den Menschen fließt.

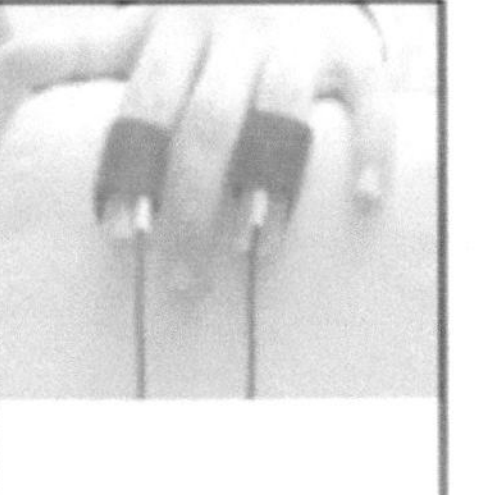

Bild 2: Elektroden

Warum leitet Schweiß elektrischen Strom gut?

Im weiteren Verlauf wird die zentrale Fragestellung des Kontextes aufgeworfen, die mit nachfolgenden Aufgaben beantwortet wird.

Die Unterrichtsmaterialien bieten Anregungen, Elektrizitätslehre kontextorientiert zu unterrichten und physikalische Konzepte zu erarbeiten. Wir hoffen, dass diese Materialien Sie im Unterricht unterstützen.

Der heiße Draht

Die *100.000 Mark Show* war eine der ersten großen Fernsehshows im Privatfernsehn und gehörte zu den erfolgreichsten Sendungen RTLs (1993-2000). Die Kandidaten kämpften um 100.000 Mark in einem Tresor. Dies war eine enorm große Summe für eine TV-Show.
Das Team, das es bis ins Finale schaffte, konnte mit drei Finalspielen falsche Codes für den Tresor eliminieren.

Die 100.000,- Show

Heute 20.15

Die Moderatorin der Show erklärte das zweite Finalspiel wie folgt:

DER HEIßE DRAHT

„Ein Partner steht auf dem Plateau eines Gabelstaplers und hält einen großen Ring in der Hand. Ziel ist es, den Draht mit dem Ring zu durchfahren, ohne ihn zu berühren. Der andere Partner steuert den Gabelstapler nach oben/unten sowie links/rechts.
Wird der Draht mit dem Ring berührt, leuchtet eine Lampe auf und ihr müsst zum letzten Sicherheitspunkt, der markiert ist, zurück.“

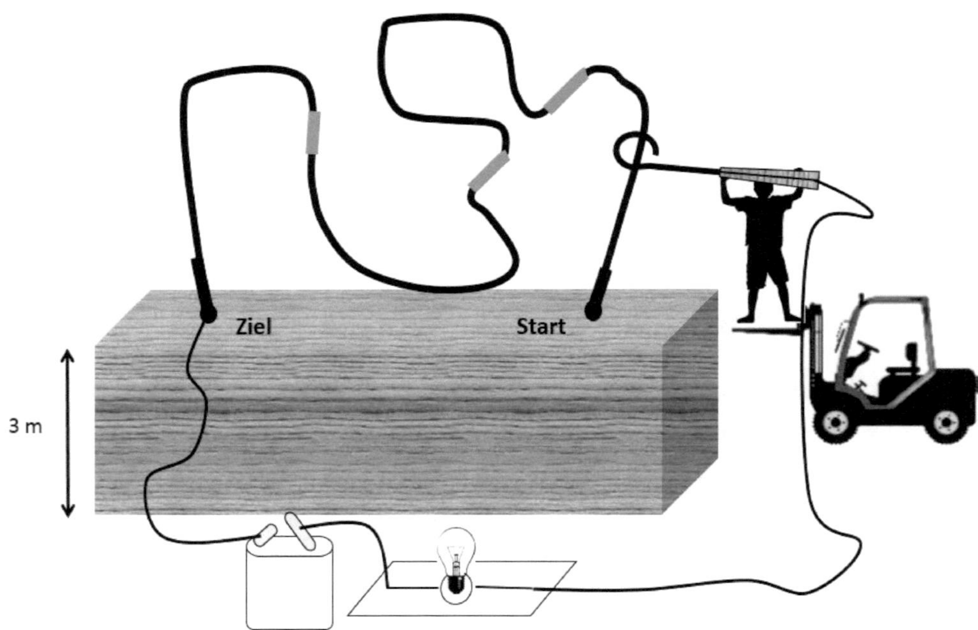

Experiment 1:

a) Baue das Spiel nach und bringe eine Glühlampe zum Leuchten.
b) Benenne, falls vorhanden, Unterschiede zum Original.
c) Nutze so wenig Bauteile wie möglich, damit die Glühlampe leuchtet.

Aufgabe 1) Der elektrische Stromkreis

a) Skizziere in die Abbildung den Stromkreis, wenn der Ring den Draht an der Stelle in der Abbildung berührt.

b) Erkläre, warum die Glühlampe nur dann aufleuchtet, wenn der Ring den Draht berührt.

____

____

____

c) Erkläre, warum die Lampe nicht aufleuchtet, wenn eine Sicherheitsmarkierung mit dem Ring berührt wird. Gehe auf den Unterschied zum Draht ein.

____

____

____

Experiment 2: Leiter und Isolatoren bei Festkörpern

Aufgabe 2) Elemente von Stromkreisen

In einer entscheidenden Quizrunde können die Kandidaten eine weitere falsche Code-Kombination des Tresors ausschließen, wenn sie mindestens fünf der sechs Gegenstände richtig zuordnen.

a) Ordne die abgebildeten Gegenstände den drei Kategorien zu.

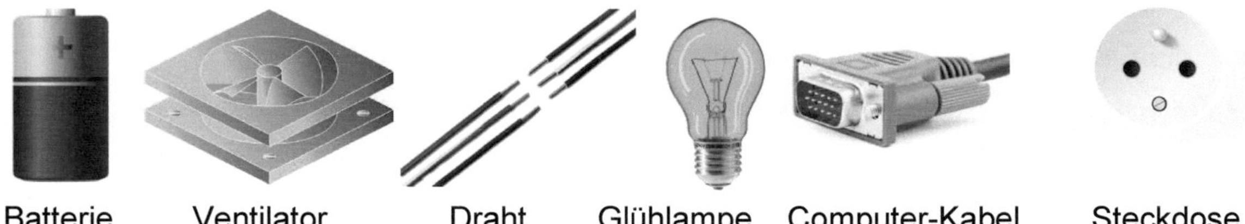

Batterie Ventilator Draht Glühlampe Computer-Kabel Steckdose

Elektrische Quelle	Leitung	Elektrogerät

b) Vervollständige den Lückentext:

____________________ sind der Antrieb elektrischen Stroms. Dieser fließt in den ____________________ und wird im ____________________ genutzt.
Elektrischer Strom fließt nur, wenn der Stromkreis ____________________ ist. Ist der Stromkreis ____________________, funktioniert das ____________________ nicht.

Zusatzaufgaben

Aufgabe 3) Stromkreis ohne Kabel?!

Eine Taschenlampe leuchtet, wenn die Batterie richtig angeschlossen ist.

Entscheide begründet, welche Lampe leuchtet.

Experiment 3: Flachbatterie und Glühlampe

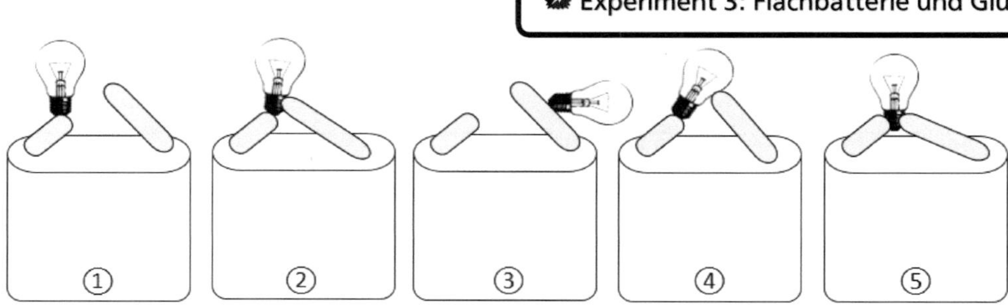

Aufgabe 4) Der Stromkreis in Haushaltsgeräten

Peter versteht nicht, warum im Physikunterricht behauptet wird, dass Elektrogeräte nur in einem Stromkreis funktionieren. Zu Hause steckt er doch nur ein einziges Kabel in die Steckdose, damit sein Föhn oder sein Handyladegerät funktionieren.

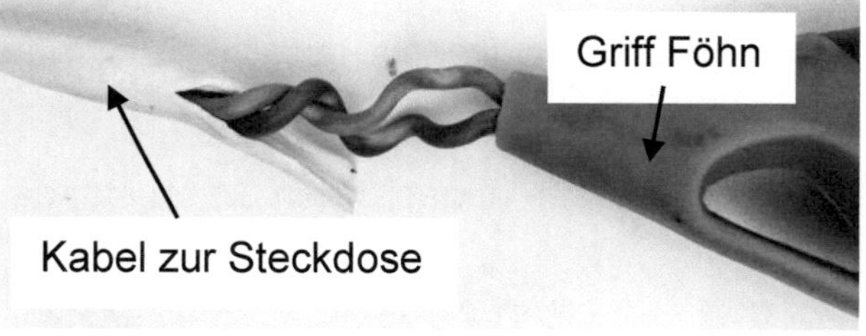

a) Erkläre Peter seinen Denkfehler mit Hilfe des Bildes oben rechts.

b) Skizziere den Stromkreis in der Tischlampe, dem Föhn und den Kopfhörern.

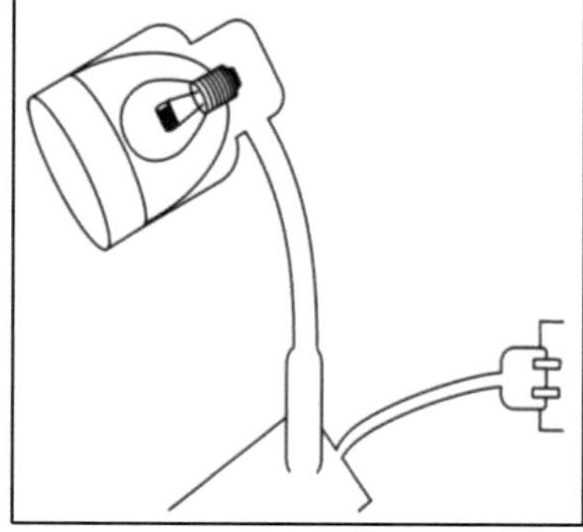

Aufgabe 5) Autoscooter

Auf Jahrmärkten, Volksfesten oder Rummelplätzen ist das Autoscooter-Fahrgeschäft ein beliebter Treffpunkt. Das erste Fahrgeschäft dieser Art gab es in Deutschland 1926. Die Autoscooter sind kleine Elektroautos, die über eine Stahlfläche fahren können.

Aufgabe 5.1) Erster Blick auf das Autoscooter-Fahrgeschäft

a) Betrachte das Bild des Fahrgeschäfts genau. Beschreibe, welche Besonderheiten dir an dem Fahrgeschäft und den Autoscootern auffallen.

b) Stelle Vermutungen auf, wofür die in a) benannten Bauteile genutzt werden.

Aufgabe 5.2) Stromkreis beim Autoscooter

Kann die Fahrt losgehen, schaltet der Betreiber des Autoscooters im Kassenhäuschen die elektrische Quelle ein. Durch den Elektromotor des Autos fließt dann Strom. Hierfür ist das Netz über der Fahrfläche und die Stange am Heck des Autos, der sogenannte Stromabnehmer, wichtig.

Die Autos können dann mit einer Geschwindigkeit von 10-15 km/h über die Stahlfläche fahren. Dabei muss eine Stahlbürste unten am Auto permanent Kontakt zur Fahrfläche haben.

Stromabnehmer — Auto von unten mit Elektromotor und Stahlbürste

a) Benenne, welche physikalische Voraussetzung gegeben sein muss, damit das Auto fährt. ______________________________

b) Skizziere einen geschlossenen Stromkreis des Autoscooter-Fahrgeschäfts in der Abbildung und beschreibe den Stromkreis.

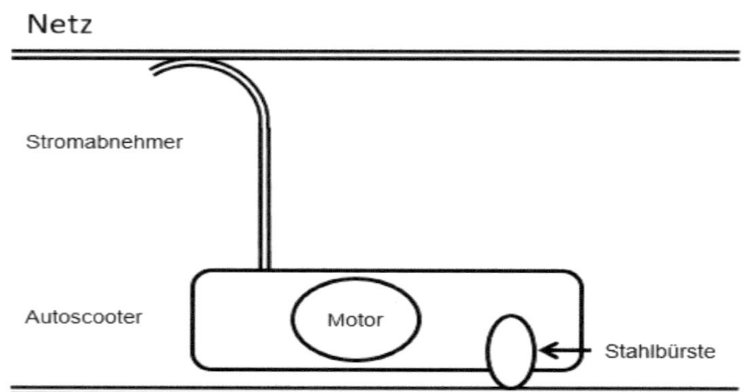

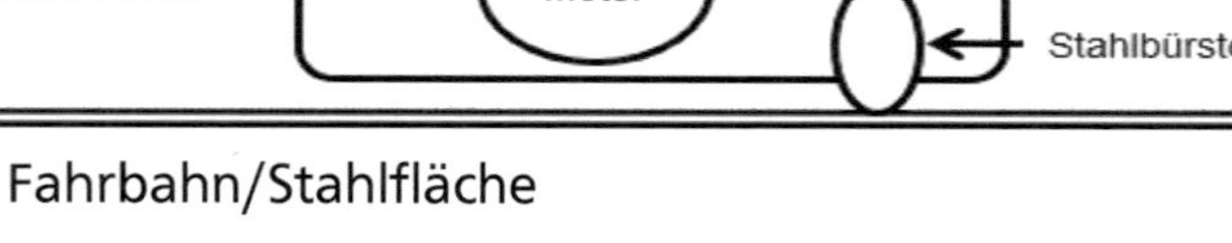

Kassenhäuschen mit elektrischer Quelle

____

____

____

____

____

c) Zum Stromkreis des Autoscooters gehören insgesamt sechs Bauteile. Notiere diese in der Tabelle und ordne ihnen ihr Element des Stromkreises zu (Elektrische Quelle, Leitung, Elektrogerät).

Nr.	Bauteil des Fahrgeschäfts	Element im Stromkreis
1		
2		
3		
4		
5		
6		

d) Der Stromabnehmer und die Stahlbürste werden auch als *Schleifkontakte* bezeichnet. Erkläre diese Namensgebung im Zusammenhang mit dem Stromkreis.

Wichtiger Hinweis

Die Fahrfläche ist an den Minuspol und das Netz an den Pluspol der elektrischen Quelle angeschlossen. Außerdem ist die Fahrfläche **geerdet**, das heißt, dass eine leitende Verbindung zum Erdreich besteht. Dies ist notwendig, um einen elektrischen Schlag zu vermeiden, wenn man die Fahrfläche betritt (solange die elektrische Quelle an ist). Zu einem späteren Zeitpunkt, wirst du dies selbst erklären können!

Schaltsymbole und Schaltpläne

Zeichnet ein Elektriker den Stromkreis eines Smartphones, wenn es an der Steckdose angeschlossen ist und es vorrangig um das leuchtende Display geht, ähnelt die Zeichnung einer „Geheimschrift" mit kryptischen Zeichen (siehe Abbildung). Mit dem realen Aussehen eines Smartphone-Displays, einer Steckdose und dem Ladekabel hat dies wenig zu tun.

Elektriker nutzen **Schaltpläne**, um Stromkreise einfacher darzustellen.
Die elektrischen Bauteile werden durch **Schaltsymbole** dargestellt und ihre Verbindungen folgen einfachen Regeln.

Kannst du die Schaltsymbole entschlüsseln?

✎ Aufgabe 1) Realer Aufbau und Schaltplan

Ordne die fotografierten Stromkreise den passenden Schaltplänen zu, indem du sie miteinander verbindest. Nutze hierzu ein Lineal.

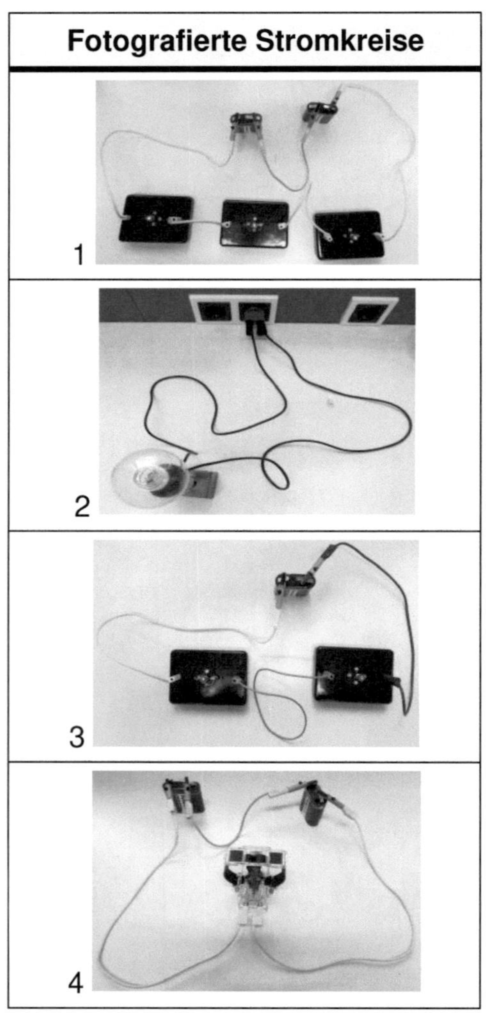

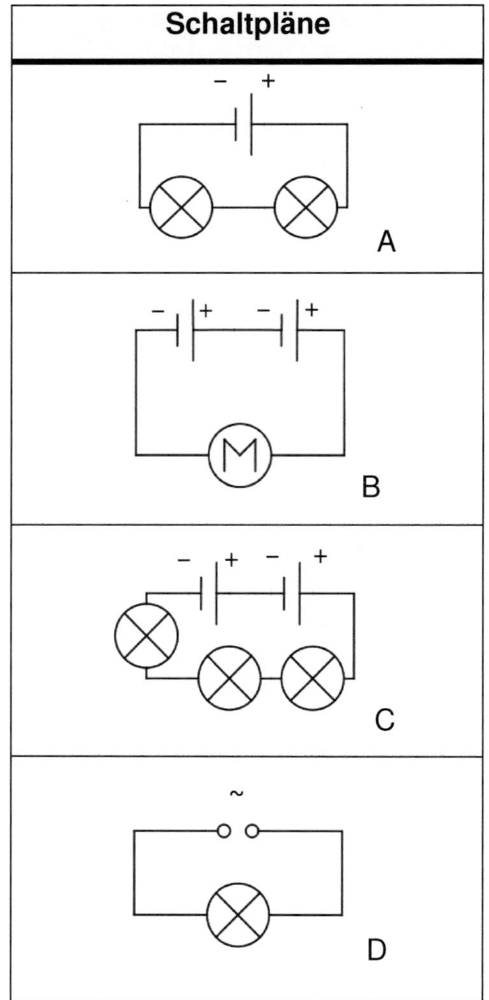

Aufgabe 2) Elektrische Bauteile und ihre Schaltsymbole

Fertige eine Tabelle in deinem Heft an, in die du die Namen der elektrischen Bauteile und die zugehörigen Schaltsymbole einträgst. Lass an dieser Stelle in deinem Heft etwas mehr Platz, um die Tabelle im Laufe des Unterrichts zu erweitern.

Beispiel Hefteintrag: *Schaltsymbole*

Elektrisches Bauteil	*Schaltsymbol*
Glühlampe	...
...	...

Aufgabe 3) Regeln zum Zeichnen von Schaltplänen

Der Elektriker-Meister bekommt in seinem Ausbildungsbetrieb immer wieder Schaltpläne von Lehrlingen vorgelegt. Er hat festgestellt, dass sich typische Fehler einschleichen.

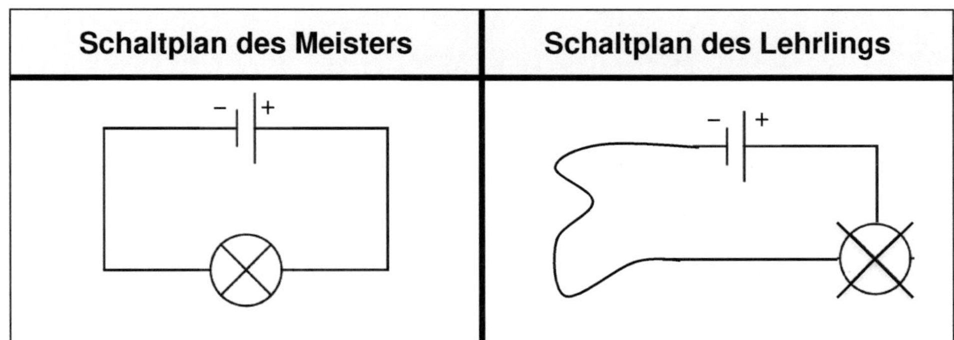

a) Vergleiche die Schaltpläne miteinander und finde die drei Fehler des Lehrlings.

① ____

② ____

③ ____

b) Formuliere Regeln, die beim Zeichnen der Leitungen und der Elektrogeräte eingehalten werden müssen.

____

____

____

____

____

Aufgabe 4) Schaltsymbole und -pläne sinnvoll?!

Begründe, warum die Verwendung von Schaltsymbolen und Schaltplänen sinnvoll ist. Benenne auch, welche Nachteile du siehst.

Zusatzaufgaben

Aufgabe 5) Schaltpläne zeichnen

Zeichne zu den Bildern oder Beschreibungen jeweils den Schaltplan.

Beachte, dass du die Regeln zum Zeichnen von Schaltplänen und Symbolen einhältst!

Bild oder Beschreibung des Experiments	Schaltplan
★ Glühlampe an einer Flachbatterie	
★★ Eine Lichterkette mit drei Glühlämpchen ist an eine Steckdose angeschlossen.	
★★★ Stromkreis des Autoscooters	

All inclusive – nur das Licht nicht!

Maxi und seine Familie wollen in Spanien Sommerurlaub machen. Ihre Ferienzeit beginnt aber alles andere als entspannt. Im Hotelzimmer stößt die Familie auf technische Probleme. Da das Personal an der Rezeption gerade Mittagspause hat, wendet sich Maxi an ein Internetforum:

Fragdasforum.de

Maxi11

dabei seit:
November 2016

HILFE!!! KEIN STROM IM HOTELZIMMER!

17.04.2018, 14:01

Hey Leute,

meine Familie und ich sind gerade in Barcelona. Wir haben ein sehr cooles 3-Sterne-Hotel ★★★ gebucht. Man kann das Hotelzimmer mit einer Karte öffnen und eine Minibar gibt es auch.

Leider haben wir nun ein Problem mit dem Strom im Zimmer: Das Licht geht nicht, die Klimaanlage funktioniert nicht und mein Smartphone lässt sich auch nicht laden. Hat hier jemand eine Idee, woran das liegen könnte??

Aufgabe 1) Forumseintrag

a) Formuliere eine Antwort im Forum, in der du mögliche Gründe angibst, warum die Stromversorgung im Hotelzimmer nicht funktioniert.

b) Beschreibe die Ursache des Problems mit Hilfe von physikalischen Begriffen und gehe dabei besonders auf die Zimmerkarte ein.

Hilfe

Hilfe 1b): elektrischer Stromkreis, Schalter, offen/geschlossen, Stromkreis schließen

ⓘ Schalter

Zum Öffnen/Schließen eines elektrischen Stromkreises benutzt man sogenannte **Schalter**.

Aus dem Alltag kennst du sicherlich Schalter für verschiedene Geräte:

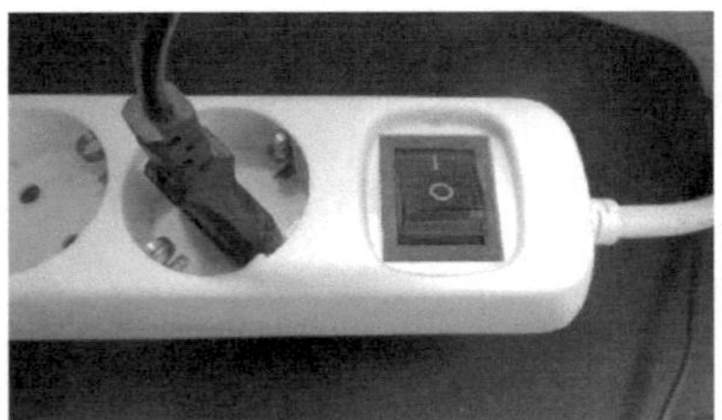

Schalter Steckdosenleiste

Schalter einer Tischlampe

Lichtschalter

✎ Aufgabe 2) Schalter im Alltag

Nenne weitere Beispiele für Elektrogeräte, die einen Schalter besitzen.

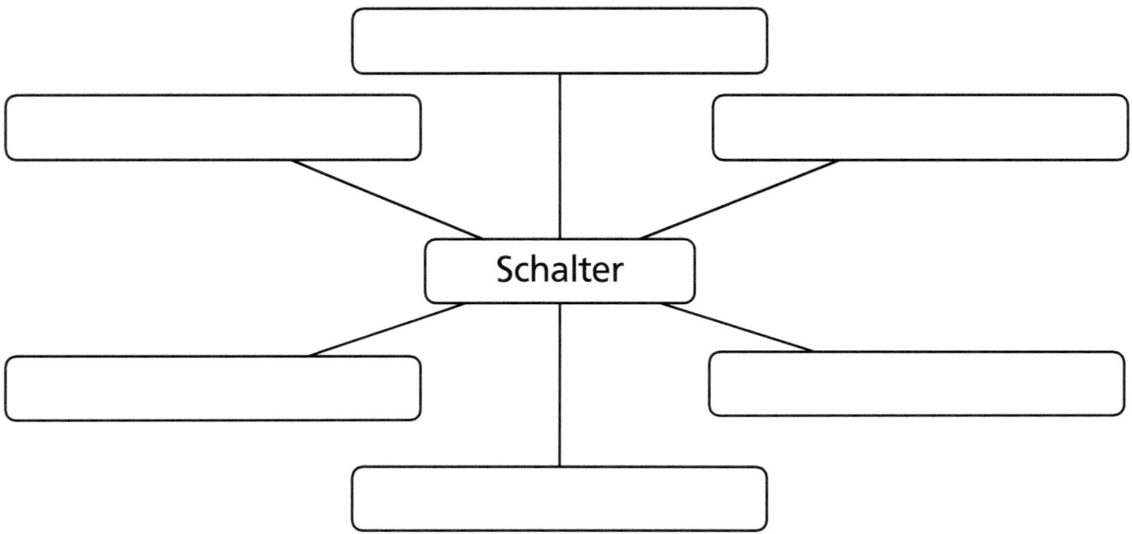

✎ Aufgabe 3) Schaltertypen

Vergleiche die zwei Schalter des Hotelföhns im Bild. Nenne Unterschiede, die dir auffallen.

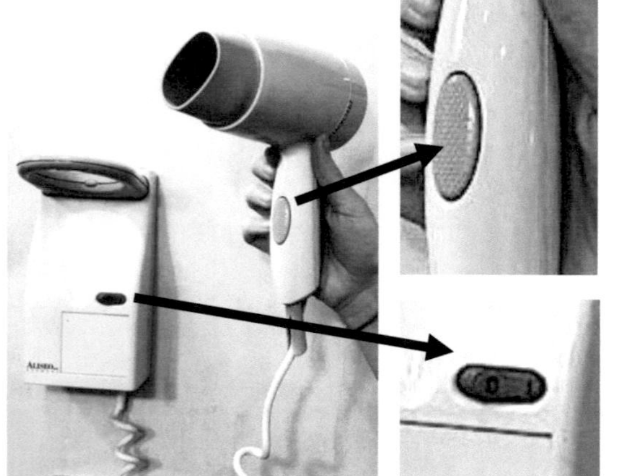

____

____

____

____

____

____

✎ Aufgabe 4) Stellschalter und Tastschalter

ⓘ Man unterscheidet zwischen **Stellschalter** und **Tastschalter**. Die beiden Schaltertypen unterscheiden sich in ihrem Aufbau und in ihrer Verwendung voneinander. Der Stellschalter öffnet und schließt einen elektrischen Stromkreis durch „Umkippen" einer leitenden Verbindung zwischen zwei Kontaktstellen. Der Tastschalter dagegen schließt einen elektrischen Stromkreis durch das dauerhafte Drücken des Schalters.

a) Ordne die zwei Schaltertypen den Bildern zu und gib jeweils an, in welcher Schalterstellung (offen/geschlossen) sich der Schalter befindet.

Schaltertyp	____________________	____________________
Schalter ____________	Leitung Kontaktstelle	Feder
Schalter ____________	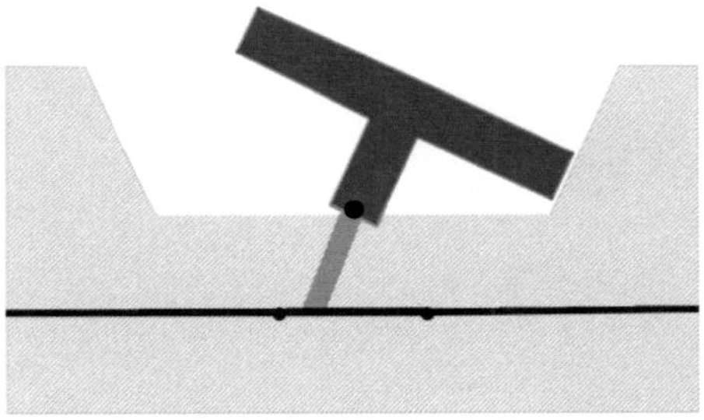	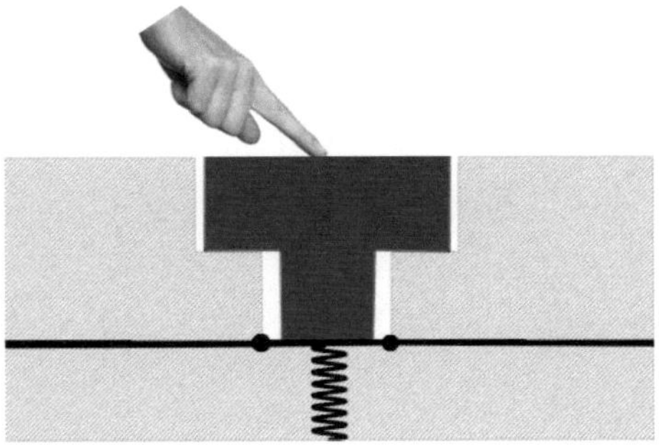
Schaltsymbol		
Wann ist der Stromkreis geschlossen?	**Ein Stromkreis ist geschlossen, wenn der Stellschalter ____________________ ist.**	**Ein Stromkreis ist nur geschlossen, solange der Tastschalter ____________________ wird.**

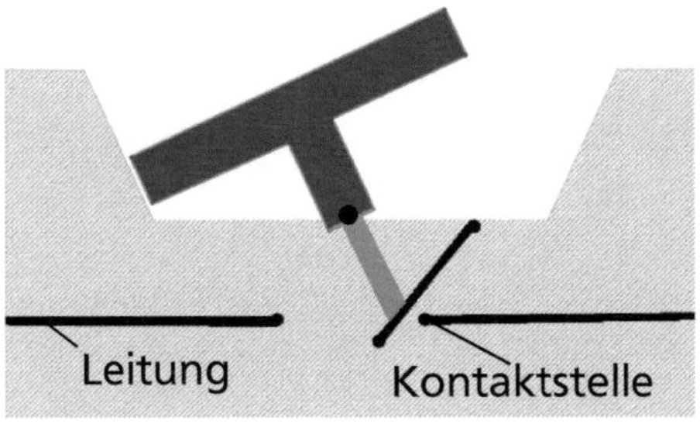

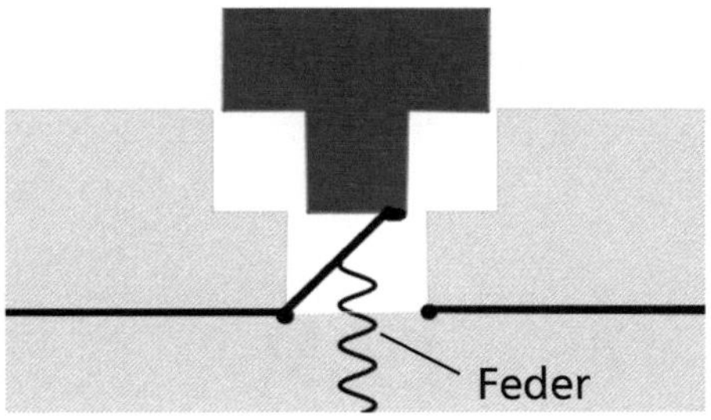

b) Benenne bei deinen Beispielen aus Aufgabe 2, um welchen Schaltertyp es sich handelt. Nenne ggf. weitere Beispiele für Tastschalter, die dir im Alltag begegnen.

____

____

Experiment: Verschiedene Schaltertypen in einen Stromkreis einbauen

Aufgabe 5) Schaltsymbole von Schaltern

Zeichne den Schaltplan eines einfachen Stromkreises, der dem eines Hotelföhns ähnelt. Verwende folgende Bauteile:

- Elektrische Quelle (Batterie)
- Leitungen
- Glühlampe
- Stellschalter
- Tastschalter

 Der Hotelföhn

Üblicherweise bieten Hotels den Gästen für einen besseren Komfort einen Föhn an. Der Föhn befindet sich in den meisten Fällen an einer Wandhalterung im Badezimmer. Auch Paula föhnt sich im Urlaub die Haare mit einem Hotelföhn. Dabei postet sie folgendes Bild auf Instagram:

Aufgabe 1) Hotelföhn

a) Begründe, warum Paula den Hotelföhn als lästig empfindet.

____

____

____

____

b) Benenne die Schaltertypen in der Skizze:

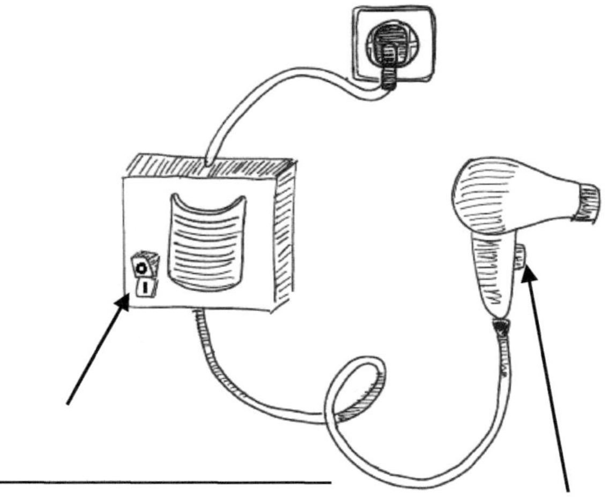

____

____

ⓘ Schaltsymbol des elektrischen Widerstands

Beim Föhn sind die Glühwendel und das Gebläse für seine Funktion wichtig. Jedoch hat nicht jedes elektrische Bauteil ein eigenes Schaltsymbol. Für den gesamten Föhn wird daher das Schaltsymbol eines **elektrischen Widerstands** genutzt (über diese Größe wirst du im Laufe des Unterrichts noch mehr erfahren). Auch andere dir bekannte Elektrogeräte sind elektrische Widerstände.

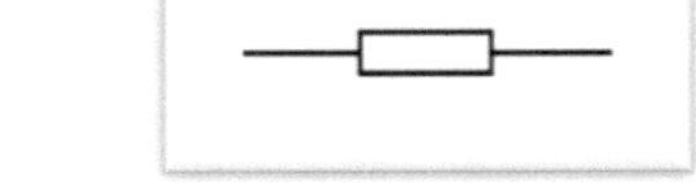

Schaltsymbol eines elektrischen Widerstands

Aufgabe 2) Schaltplan

a) Vervollständige den abgebildeten Schaltplan mit den richtigen Schaltsymbolen und beschrifte alle eingezeichneten Bauteile.

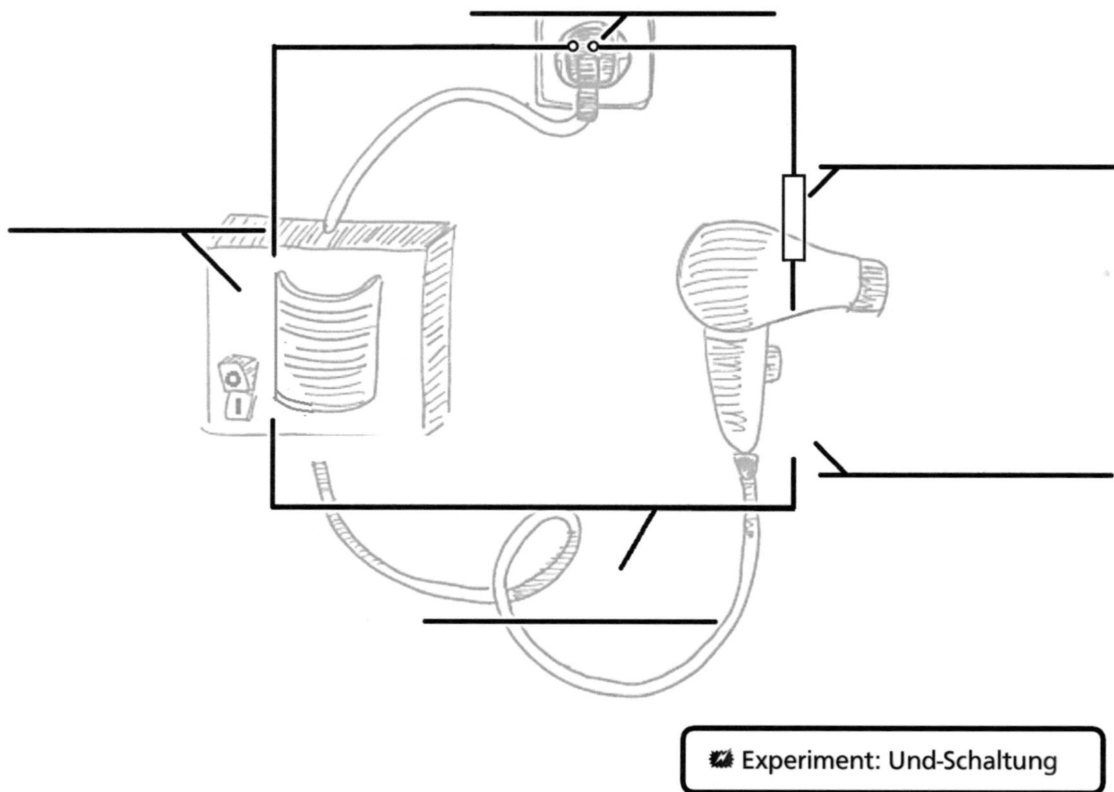

Experiment: Und-Schaltung

b) Gib an, in welchen Schalterstellungen der Föhn funktioniert, und ergänze die Tabelle.

Stellschalter	Tastschalter	Föhn (an/aus)
offen	geschlossen	

Der Hotelföhn funktioniert, wenn ______________________________

____

____

____

____

Aufgabe 3) Sinn & Zweck der Und-Schaltung im Hotelzimmer

Diskutiere die Fragen in den Denkblasen:

Warum verwenden heute viele Hotels eine Karte zum Schließen des Stromkreises im Hotelzimmer?

Warum ist eine UND-Schaltung für den Föhn im Hotel hilfreich, zu Hause jedoch nicht notwendig?

____

____

____

____

Zusatzaufgaben

Aufgabe 4) Übungen zur Und-Schaltung

Gib für jeden Schaltplan an, ob die Lampe leuchtet. Begründe deine Antwort.

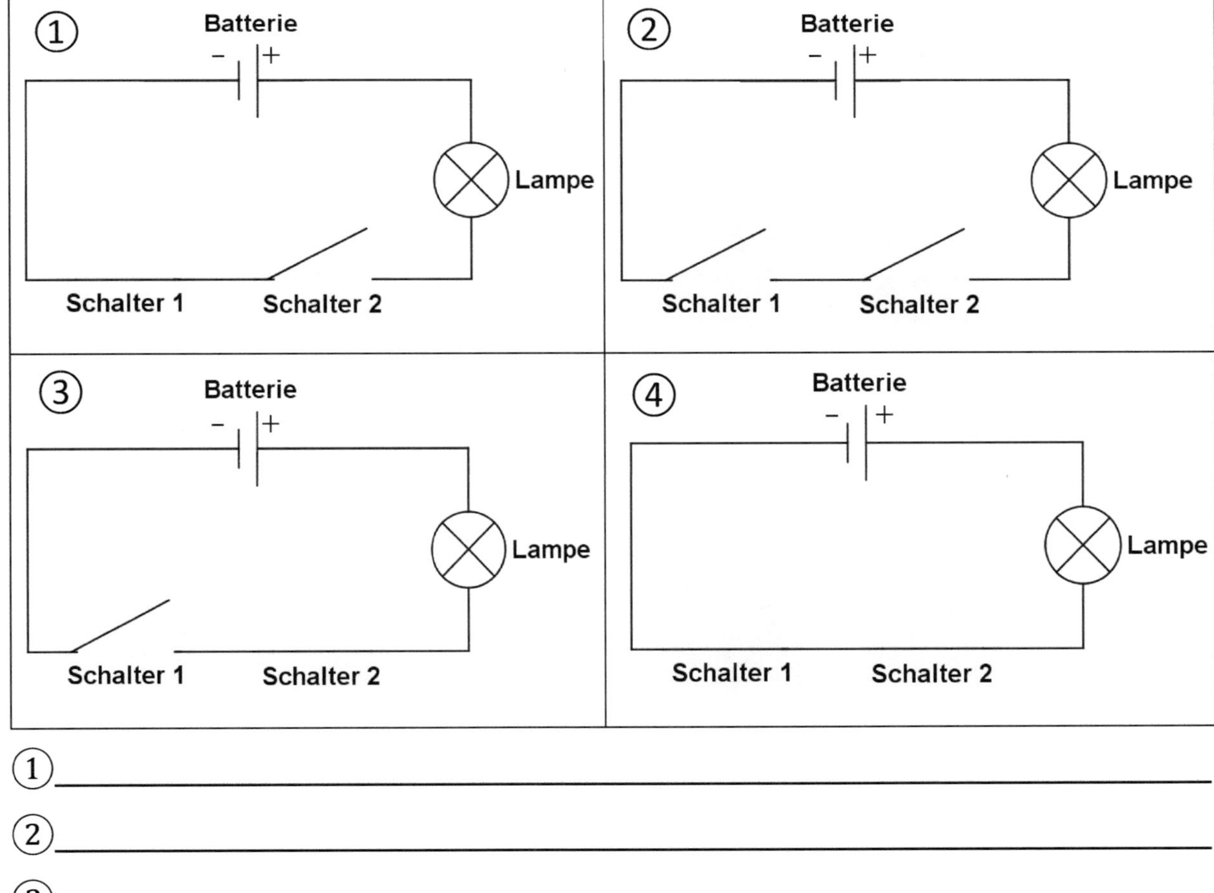

① ____

② ____

③ ____

④ ____

✎ Aufgabe 5) Waschmaschine und Spülmaschine

Wasch- und Spülmaschinen besitzen eine UND-Schaltung mit mehr als zwei Schaltern. Viele dieser Maschinen haben einen Schalter, an dem man das Programm auswählt UND einen START-Knopf (Einschalter). Ein dritter Schalter ist unauffälliger.

a) Gib an, wo sich dieser dritte Schalter befindet.

___

b) Erkläre mit Hilfe des Beispiels, warum die UND-Schaltung auch als **„Sicherheitsschaltung"** bezeichnet wird.

___

___

___

___

___

___

___

___

Das Chamäleon

Matze ist fasziniert von Chamäleons – ihrer Farbenpracht und ihrem außergewöhnlichen Verhalten. Doch die Haltung und Pflege dieser Tiere ist eine Wissenschaft für sich. Es benötigt sehr viel Vorbereitung und ein umfassendes Hintergrundwissen. Matze informiert sich daher im Internet *www.chamaeleon-ratgeber.de*, über die Fernsehsendung *Chamäleon, Salamander & Co.* und beim reptilienkundigen Tierarzt.

https://www.chamaeleon-ratgeber.de/

Ratgeber Chamäleon

AKTUELL

- DAS TERRARIUM
- BELEUCHTUNG UND WÄRME
- EINRICHTUNG UND PFLANZEN
- FUTTER UND WASSER
- STRESS VERMEIDEN
- RECHTLICHES
- FAZIT

Chamäleons: komplizierte Haustiere

26.04.2018 | Schlagwörter: Reptil zu Hause

Chamäleons reagieren äußerst empfindlich, wenn die Bedingungen im Terrarium nicht ihrem natürlichen Lebensraum entsprechen. Dies löst bei ihnen Stress aus und ihre sonst so schönen Farben verblassen. Hieran kann man sehen, dass es dem Chamäleon nicht gut geht.

Sie benötigen in ihrem Terrarium tagsüber eine Temperatur von 25-30 °C, außerdem einen Wärmespot (40 °C). Aber auch die Helligkeit des Lichts und der UV-Anteil müssen stimmen.

STARTSEITE

ABOUT ME

IMPRESSUM

KONTAKT

Folge 23: Chamäleon *Coco* lässt Farben sprechen

Wenn Chamäleon Coco einen Artgenossen wahrnimmt, „sieht er rot". Sein Revier teilt er nicht!

Chamäleons sind absolute Einzelgänger. Treffen sich zwei männliche Rivalen, kommt es zum Drohduell. Um dem Rivalen den Ernst der Lage zu verdeutlichen, lassen sie in der ersten Stufe die Streifen an ihrer Seite kontrastreicher erscheinen. Die Botschaft: „Je stärker der Kontrast, desto unerbittlicher bin ich im Kampf!."

Das Gute an dem Drohduell ist: Oft kommt es gar nicht zum Kampf.

Der Blickkontakt zu anderen Tieren führt somit zu Stress und sollte im Terrarium tunlichst vermieden werden.

Aufgabe 1) Ursachen für Farbveränderung

Benenne anhand des Ratgeberausschnitts und der Werbung für die Fernsehsendung die Ursachen, weswegen das Chamäleon die Intensität seiner Farbe verändert.

____

____

____

____

Aufgabe 2) Mögliche Fälle der Farbveränderung

a) Analysiere, in welchen Fällen das Chamäleon seine Farbintensität verändert und in welchen es unverändert bleibt. Nutze hierzu die Tabelle.

Stress wird ausgelöst durch		**Intensität der Farbe verändert sich (ja/nein)**
die Umgebung (ja/nein)	einen Rivalen (ja/nein)	
ja	*nein*	*ja*

b) Formuliere anhand der Tabelle eine allgemeine Aussage, wann sich die Farbintensität des Chamäleons ändert. Nutze bei der Formulierung das Wort ***oder***.

____

____

____

____

Aufgabe 3) Modell der Farbveränderung

Der reptilienkundige Tierarzt erklärt Matze:
„In meiner Praxis wurde ein Modell gebaut, das die vier logischen Fälle aus Tabelle 2a) verdeutlicht. Im Modell leuchtet eine Lampe auf, wenn es dem Chamäleon schlecht geht. Schalter stellen die Nervenreize dar, die beim Chamäleon durch die Umgebung unbewusst ausgelöst werden. Die Lampe geht an und aus, das heißt, die Farbintensität ändert sich."

a) Gib an, wofür die elektrischen Bauteile des Modells stehen:

Elektrisches Bauteil	Reale Situation
Elektrische Quelle	Zentrales Nervensystem
Leitungen	Nervenbahn
Lampe	
Schalter 1	
Schalter 2	

b) Skizziere einen Schaltplan für ein Experiment mit Batterie, zwei Schaltern und einer Lampe. Dieses soll verdeutlichen, dass das Chamäleon aufgrund von zwei verschiedenen Reizen (Umgebung, Rivale) seine Farbintensität verändern kann.

Experiment: ODER-Schaltung aufbauen (1 Batterie, 1 Glühlampe, 2 Stellschalter)

c) Übertrage die Tabelle aus 2a) auf das Experimentier-Modell.

Schalter		Lampe
1	2	leuchtet/leuchtet nicht
geschlossen	offen	

d) Diese Schaltung nennt man auch ODER-Schaltung.
Vervollständige den Merksatz und nutze hierbei das Wort ODER:

Bei der **ODER-Schaltung** sind ____________ Schalter parallel geschaltet.

Der Stromkreis ist geschlossen, wenn ____

____.

Zusatzaufgaben

Aufgabe 4) Beispiele zu ODER-Schaltungen

Erkläre bei den folgenden Alltagsbeispielen, warum es sich um ODER-Schaltungen handelt:

a) Klingelschaltung bei Mehrfamilienhäusern (Klingel an der Haus- und der Wohnungstür)

b) Notbremsen in Zügen

c) Brandmeldeanlage (Gebäude, in dem sich mehrere Brandmelder befinden)

Aufgabe 5) Informationen zum Chamäleon

Informiere dich genauer über das Chamäleon, zum Beispiel über folgende Aspekte:

Hast du gewusst, dass ...

... viele Leute denken, dass die Farbanpassung des Chamäleons zur Tarnung dient? Die meisten Chamäleons drücken mit den Farben jedoch ihren Gemütszustand aus.	... man für die Haltung eines Chamäleons einen Herkunftsnachweis benötigt und die Haltung bei der Naturschutzbehörde angemeldet werden muss?	... es seine Augen unabhängig voneinander bewegen kann (Sichtfeld von 342°) und es die Zunge mit großem Tempo herausschleudert, um damit Insekten zurück in den Mund zu befördern?

Die Krabbenspinne

Krabbenspinne auf gelber *Sumpfdotterblume*

Krabbenspinne auf weißer *Echter Zaunwinde*

Die *Veränderliche Krabbenspinne* (Misumena vatia) zählt zu den sesshaften Spinnenarten und liebt es, sich entweder auf den gelben *Sumpfdotterblumen* oder der weißen *Echten Zaunwinde* aufzuhalten.

Auf der Blume lauert sie geduldig auf ihre Beute (Lauerjäger), hauptsächlich Honigbienen. Hierbei geht die Krabbenspinne besonders geschickt vor: Zunächst tarnt sie sich je nach Blüte, wartet dann, bis die Biene die Blume angeflogen und ihren Rüssel in die Blüte gesteckt hat. Dann packt sie die Biene blitzschnell mit ihren kräftigen Vorderbeinen im Nacken und setzt einen lähmenden Giftbiss.

✎ Aufgabe 1) Geschickter Lauerjäger

Eine Biene würde niemals eine Blume anfliegen, auf der sie eine Krabbenspinne sieht. Dennoch ist die Krabbenspinne mit ihrer Lauertaktik sehr erfolgreich.

a) Gib mögliche Gründe an, weswegen die Krabbenspinne auf der Blume nicht auffällt.

____

____

____

____

b) Formuliere unter Zuhilfenahme der folgenden Begriffe eine logische Aussage, die auf das Verhalten der Krabbenspinne zutrifft, wenn sie lauert.

entweder ... oder, weiß, gelb, weiße Blume, gelbe Blume, Krabbenspinne

____

____

____

Aufgabe 2) Modell des Lauerns

Die Krabbenspinne kann aktiv ihre Farbe von weiß zu gelb oder umgekehrt verändern. Sie sieht, welche Farbe die Blume hat und passt sich an: Befindet sie sich auf einer gelben Blume, sammelt sie gelben Farbstoff in ihren Zellen an. Ist sie hingegen auf einer weißen Blume, leitet sie den Farbstoff ins Körperinnere und erscheint nach außen weiß. Sie ist getarnt. Die Veränderung der Farbe dauert zwar einige Stunden, aber es lohnt sich.

Es gibt zwei Möglichkeiten, wie man sich die Farbänderung der Krabbenspinne vorstellen kann:

Möglichkeit 1: Möglichkeit 2:

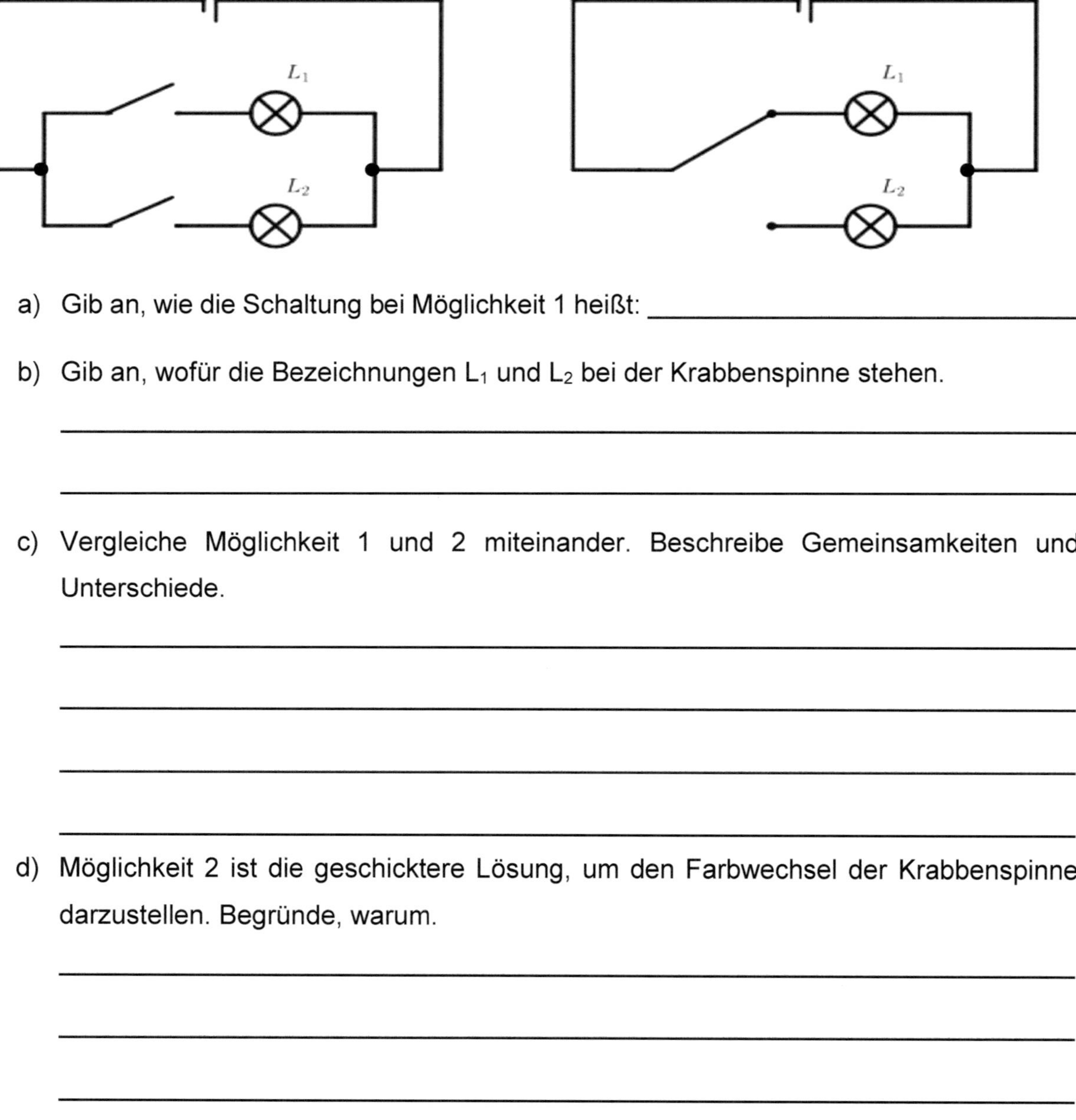

a) Gib an, wie die Schaltung bei Möglichkeit 1 heißt: ______________________

b) Gib an, wofür die Bezeichnungen L_1 und L_2 bei der Krabbenspinne stehen.

____

____

c) Vergleiche Möglichkeit 1 und 2 miteinander. Beschreibe Gemeinsamkeiten und Unterschiede.

____

____

____

____

d) Möglichkeit 2 ist die geschicktere Lösung, um den Farbwechsel der Krabbenspinne darzustellen. Begründe, warum.

____

____

____

____

ⓘ Wechselschalter/Umschalter

Der Schaltertyp aus Möglichkeit 2 heißt **Wechselschalter** oder **Umschalter**.

Hiermit ist es möglich, zwischen zwei Stromkreisen zu wechseln oder umzuschalten.

Das Schaltsymbol ist:

Zur Erinnerung: Du kennst bereits den Stellschalter und den Tastschalter.

Experiment:

1) Wechselschaltung mit einer und zwei Glühlampen aufbauen
2) Zusatzaufgaben experimentell umsetzen

Zusatzaufgaben

Aufgabe 3) Der Wechselschalter im Alltag

Wechselschalter werden im Alltag benutzt. Zeichne die Schaltung zu einem der folgenden Beispiele:

a) Fußgängerampel oder
b) OPEN-CLOSED-Schild, das in Amerika sehr gebräuchlich ist.

Aufgabe 4) Die Flurbeleuchtung

Im langen Flur der Schule soll die Deckenlampe von zwei verschiedenen Stellen ein- und ausgeschaltet werden können.

Von beiden Stellen muss die Lampe jeweils an- und ausgeschaltet werden können, unabhängig davon wie der andere Schalter steht.

Entwirf hierzu einen Schaltplan, indem du die angefangene Skizze vervollständigst:

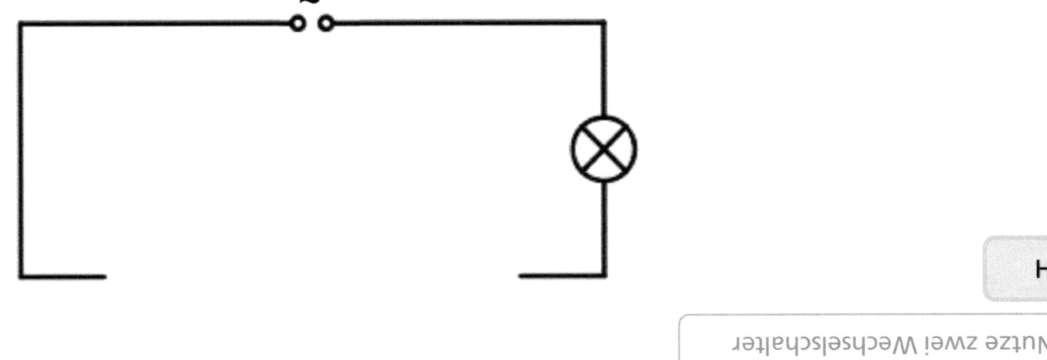

Hilfe

Hilfe: Nutze zwei Wechselschalter

Müll – Ein großes Problem für unsere Umwelt

Abb. 1: Müllberg
In Deutschland produziert **jeder** im Jahr circa 620 kg Müll. Dies liegt weit über dem EU-Durchschnitt.

Abb. 2: Plastikmüll im und am Meer
Eine „Müll-Insel“, die viermal so groß ist wie Deutschland, schwimmt mittlerweile zwischen Hawaii und Kalifornien.

 Um unsere Umwelt zu schützen, sollte Müll daher

- reduziert
- richtig getrennt und
- recycelt werden (engl. to recycle: wieder in den Kreislauf zurückführen).

Aufgabe 1) Trennst du Müll richtig?

Sortiere folgenden Müll der richtigen Abfalltonne zu. Verbinde hierzu den Müll mit der entsprechenden Tonne (Lineal):

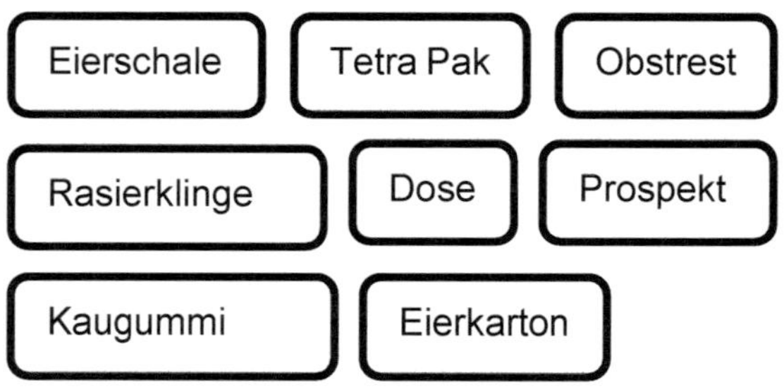

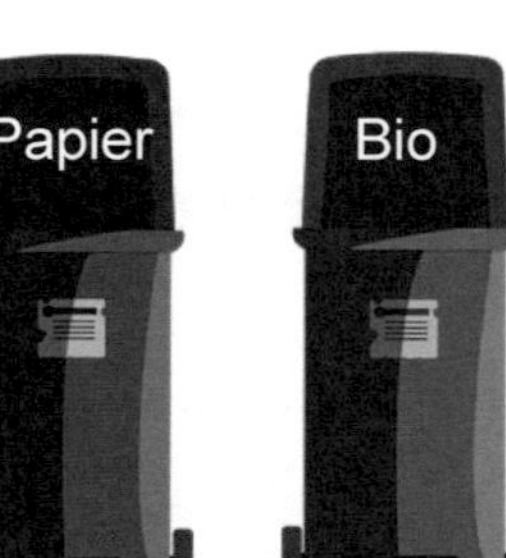

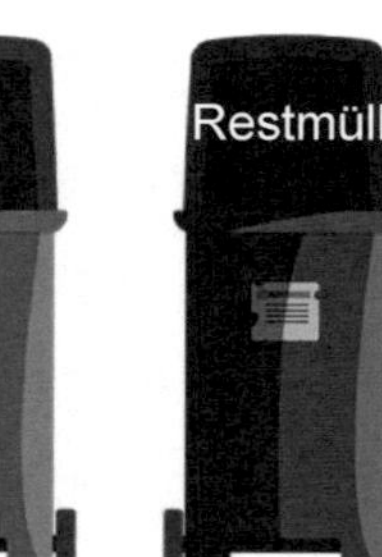

Was soll wohin? – Die App hilft!

Mülltrennung – was kommt wo rein?
Marvin Mieth
Gratis

„Die Entwickler dieser App haben sich zur Aufgabe gemacht, dich bei der Mülltrennung zu unterstützen und dir zu zeigen, welcher Müll in welchem Behältnis entsorgt wird.“

(https://itunes.apple.com/de/app/mülltrennung-was-kommt-wo-rein/id1156765396?mt=8)

✏ Aufgabe 2) Das Smartphone

Apps auf dem Smartphone helfen uns, den Müll richtig zu trennen oder die Mülltonne für die Müllabfuhr rechtzeitig herauszustellen.
Dein Smartphone funktioniert jedoch nur mit einem Akku. Er ermöglicht einen Stromfluss. Dass Strom in deinem Handy fließt, kannst du an zwei Wirkungen bemerken.

Benenne, an welchen **Wirkungen des elektrischen Stroms** du feststellen kannst, dass du dein Handy gerade nutzt.

Tipp: Eine Wirkung ist vor allem dann zu spüren, wenn du das Handy lange benutzt.

____

____

____

____

✏ Aufgabe 3) Recycling

Vieles von unserem Müll kann recycelt werden! Für Recycling besonders wertvoll sind die Metalle, aus denen Getränke- und Konservendosen gemacht werden. Die Dosen bestehen aus Weißblech (dünner Stahl/Eisen).

a) Beschreibe anhand des Bildes, wie Weißblech-Dosen und anderer eisenhaltiger Müll heraussortiert werden können.

____

____

____

____

____

____

____

____

b) Benenne die **Wirkung des elektrischen Stroms**, die man für das Sortieren der Weißblech-Dosen nutzt.

____

✎ Aufgabe 4) Wirkungen des elektrischen Stroms im Alltag

Fasse die Wirkungen elektrischen Stroms zusammen, indem du diese als Überschriften in die Tabelle einfügst. Notiere Elektrogeräte (aus dem Alltag), die diese Wirkung nutzen.

Wirkung des Stroms		
①	②	③

✎ Aufgabe 5) Andere Metalle im Hausmüll aufspüren

Pfandfreie Dosen, die aus Aluminium bestehen, sind mit dem grünen Punkt versehen. Diese Dosen lassen sich jedoch nicht mit dem Verfahren aus Aufgabe 3) vom restlichen Müll trennen. Nur mit drei Metallen ist dies möglich (Eisen, Nickel und Kobalt).

Zeichne einen Schaltplan von einem Verfahren, bei dem du mit Hilfe elektrischen Stroms feststellen kannst, ob ein Gegenstand Metall enthält. Beschreibe dieses Verfahren kurz.

Experiment: Leitfähigkeit verschiedener Materialien untersuchen

Untersuche einen „Müllberg“ (Ansammlung verschiedener Gegenstände aus verschiedenen Materialien) auf Metalle.

Zusatzaufgaben

Aufgabe 6) Glätteisen und Elektrogrill?!

Auf den ersten Blick sind ein Glätteisen und ein Elektrogrill sehr unterschiedlich. Dennoch haben sie eine Gemeinsamkeit. Benenne diese.

____

____

Aufgabe 7) Die Glühlampe

Lampen sind in den letzten Jahren weiterentwickelt worden. Glühlampen kann man kaum noch kaufen. Stattdessen gibt es Energiesparlampen oder LED-Lampen. Erkläre, warum diese einen Vorteil in ihrer Wirkung gegenüber Glühlampen haben.

____

____

____

____

Aufgabe 8) Knobelaufgabe

Vor der Kellertreppe sind drei Schalter angebracht. Jedoch ist nur ein Schalter mit der Glühlampe im Keller verbunden. Erkläre, wie man mit nur einem Gang in den Keller herausfinden kann, welcher Schalter der richtige ist.

____

____

____

____

Aufgabe 9) Elektromagnete

Elektromagnete sind für das Trennverfahren von Müll sehr praktisch. Erkläre, warum man hierfür einen Elektromagneten nutzt und keinen Permanentmagneten.

____

____

____

✎ Aufgabe 10) Die elektrische Klingel

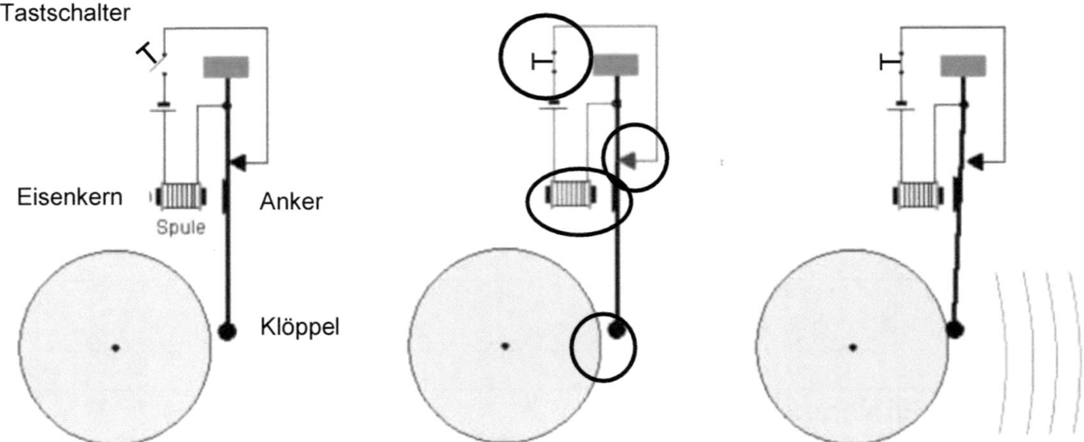

Klingel nicht gedrückt **Klingel wird gerade gedrückt** **Klingel gedrückt**

Erkläre, wie eine elektrische Klingel funktioniert. Der Anker ist dabei die Kontaktstelle des Unterbrecherkontakts.

Betrachte zur Erklärung die drei Abbildungen der elektrischen Klingel und gehe schrittweise vor:

a) Zeichne den Stromkreis ein, wenn der Tastschalter gedrückt ist.

b) Benenne, welche Wirkung des elektrischen Stroms genutzt wird.

____

c) Beschreibe die Unterschiede in den Abbildungen, indem du auf die eingekreisten Stellen bei allen drei Abbildungen eingehst.

✎ Aufgabe 11) Veredelung von Schmuck/Besteck

Elektrischer Strom wird auch genutzt, um günstigen Schmuck oder Besteck zu veredeln.

Zum Vergolden wird das Messer an den Minuspol der elektrischen Quelle angeschlossen und eine Grafitelektrode an den Pluspol. Die Lösung mit dem Gold**elektrolyt** wird in das Gefäß gegeben. Je länger man das Messer im Bad lässt, desto dicker wird die Goldschicht.

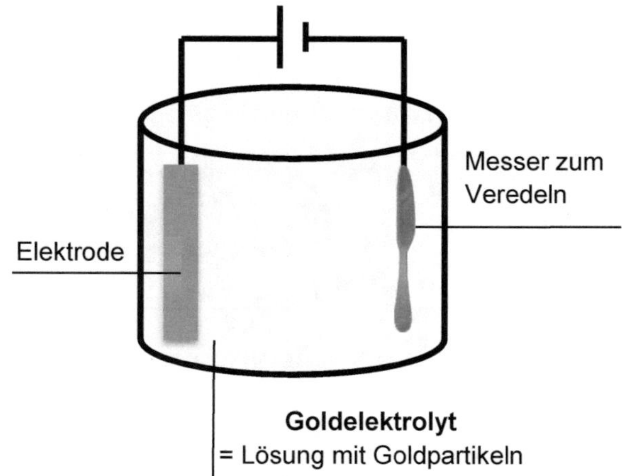

Benenne, welche Wirkung des elektrischen Stroms beim Galvanisieren genutzt wird.

____

Galvanisieren: Überziehen eines Metalls mit einer meist dünneren, edleren Metallschicht durch Elektrolyse.
Elektrolyte sind Salzlösungen, Laugen oder Säuren, die elektrischen Strom leiten.

✎ Aufgabe 12) Korrosionsschutz

Autos sind jedem Wetter ausgesetzt. Damit sie nicht rosten, werden die einzelnen Autoteile aus Eisen mit einer Zinkschicht überzogen (Korrosionsschutz).
Benenne das Verfahren und die elektrische Wirkung, die genutzt wird, um die Zinkschicht aufzutragen.

____

____

Modell der elektrischen Leitfähigkeit

Alle Menschen, Tiere und Materialien bestehen aus winzigen kleinen Bausteinen, den Atomen.

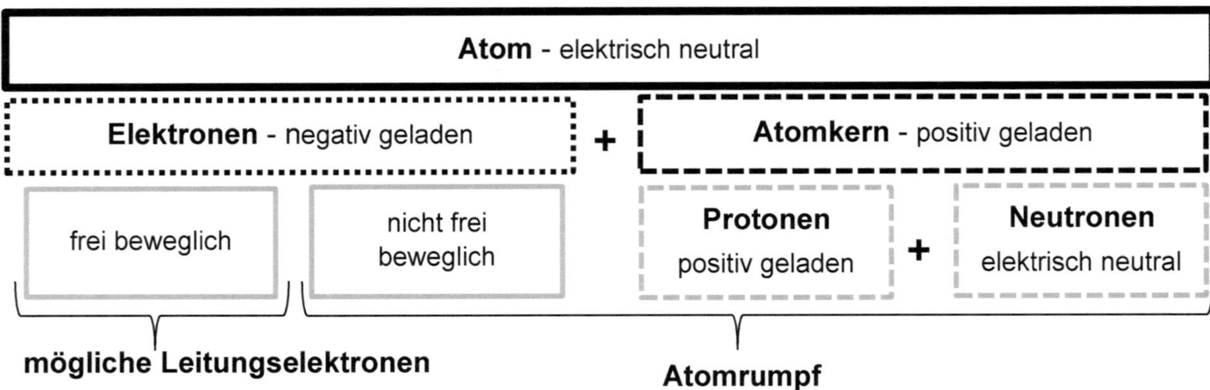

Aufgabe 1) Vorstellung elektrische Leitfähigkeit

In den Skizzen sind Elektronen als kleine und Atomrümpfe als größere Kugeln dargestellt. Beschreibe die Skizzen und notiere Beispiele für Materialien mit diesen Eigenschaften.

Skizze	Beschreibung der Skizze	Beispiele
Sehr guter Leiter	*Anordnung der Atomrümpfe:* *Bewegung der Elektronen:*	
Leiter	*Anordnung der Atomrümpfe:* *Bewegung der Elektronen:*	
Isolator (Nicht-Leiter)	*Anordnung der Atomrümpfe:* *Bewegung der Elektronen:*	

✎ Aufgabe 2) Erklärung der elektrischen Leitfähigkeit

Erkläre mit Hilfe des Modells, warum manche Materialien elektrischen Strom leiten und andere nicht. Erkläre außerdem, wie man unterschiedlich gute Leitfähigkeit mit dem Modell deutet.

Mehr Sicherheit bei Nebel

Statistisches Bundesamt

Zahl der Woche vom 15. November 2016

64 % aller schweren Nebelunfälle ereignen sich in den Monaten Oktober bis Dezember

WIESBADEN - Schwere Verkehrsunfälle, bei denen Nebel die Ursache war, passierten am häufigsten in den Monaten Oktober bis Dezember. In den Jahren 2011 bis 2015 registrierte die Polizei insgesamt 3277 Nebelunfälle. Bei diesen Unfällen verunglückten 3496 Personen, darunter 107 tödlich.

Herausgeber: © Statistisches Bundesamt Pressestelle

Verkehrspsychologie

Verkehrspsychologen haben sich mit den häufig auftretenden Unfällen bei Nebel beschäftigt und kommen zu folgendem Schluss:
Autofahrer fahren dem vorderen Auto so weit auf, bis sie dessen Rücklichter erkennen. Bremst jedoch ein Auto weiter vorne, kann dies aufgrund der schlechten Sichtverhältnisse nicht gesehen werden. Die Zeit, um selbst zu bremsen, ist daher häufig zu gering. Es kommt zu Auffahrunfällen.

✎ Aufgabe 1) Unfälle bei Nebel

Benenne die Hauptursache, warum es bei Nebel zu Unfällen kommt. Gib an, warum sich die Unfälle in den Monaten Oktober bis Dezember häufen.

____

____

____

____

ⓘ Autobeleuchtung bei Nebel

Damit Autos bei Nebel besser sichtbar sind, haben sie extra Scheinwerfer. Vorne am Auto befinden sich die zusätzlichen **Nebelscheinwerfer**, hinten am Heck die zusätzliche **Nebelschlussleuchte**.

Aufgabe 2) Nebelbeleuchtung

Betrachte das Bild und markiere bei den Autos die zu erkennende Nebelbeleuchtung sowie die normalen Lampen in unterschiedlichen Farben.

Aufgabe 3) Lampen am Auto

a) Vervollständige die Tabelle.

Arbeitsauftrag:		
Beschrifte, welche Lampe zu sehen ist.	①	②
Zeichne den Schaltplan eines Autos mit Autobatterie und entsprechenden Leitungen, bei dem jedoch <u>nur ein Rücklicht</u> funktioniert bzw. <u>nur die Nebelschlussleuchte</u> an ist.		
Vergleiche die Helligkeit der Lampen anhand der Bilder, überprüfe experimentell Experiment: s. nächste Seite		

b) Notiere Ideen, warum die Wirkungen des Stroms beim Rücklicht und der Nebelschlussleuchte unterschiedlich groß sind.

____

____

____

Experiment: Zwei verschiedene Glühlampen jeweils in einem Stromkreis

a) Baue die Schaltung mit einem Rücklicht nach. Nutze hierzu Glühlampe 1. Beobachte die Helligkeit der Lampe 1.

b) Ersetze das Rücklicht (Glühlampe 1) durch die Nebelschlussleuchte (Glühlampe 2). Beobachte die Helligkeit der Lampe 2.

Je mehr Elektronen pro Sekunde im selben Elektrogerät fließen, umso größer ist die Wirkung des elektrischen Stroms. Physiker sprechen von einer größeren **Stromstärke**.

Das **Formelzeichen** der Stromstärke ist **I**.

Die **Einheit** der Stromstärke ist das **Ampere A**. $[I] = A$

Aufgabe 4) Die Nebelschlussleuchte

Erkläre, warum die Nebelschlussleuchte heller leuchtet als ein Rücklicht.

Aufgabe 5) Regelungen für Nebelbeleuchtung

a) Für die Nebelscheinwerfer und die Nebelschlussleuchte gelten nach der deutschen Straßenverkehrsordnung besondere Regelungen. Analysiere anhand der Grafik, unter welchen Bedingungen diese angeschaltet werden dürfen.

Hinweis: Die Nebelscheinwerfer und die Nebelschlussleuchte sind nur nutzbar, wenn das normale Licht des Autos eingeschaltet ist.

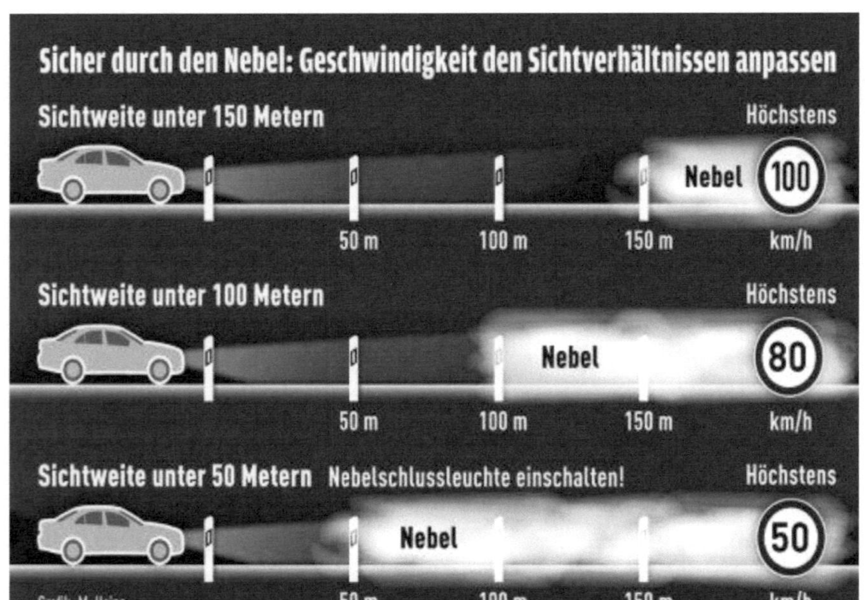

b) Diskutiere die Regelungen zur Nebelbeleuchtung unter dem Gesichtspunkt der **Sicherheit im Straßenverkehr**.

Zusatzaufgaben

Aufgabe 6) Aussagen zur Stromstärke

Vervollständige Aussage ① und formuliere bei ② und ③ selbst.

① Ein ________________ leuchtendes Lämpchen zeigt eine ________________ Lichtwirkung, es fließen daher ________________ Elektronen pro Sekunde durch die Lampe. Die Stromstärke ist ________________.

② Formuliere eine Aussage über die Stromstärke bei einem Elektromagnet, der mehr Elektroschrott heben kann als ein anderer. Orientiere dich bei der Formulierung an Aussage ①.

____

____

____

____

③ Formuliere eine Aussage über die Stromstärke bei einem Heizkissen, das eine geringere Temperatur erreicht als ein anderes. Orientiere dich bei der Formulierung an Aussage ①.

____

____

____

____

Aufgabe 7) Stromstärken verschiedener Elektrogeräte

Ordne die folgenden Elektrogeräte nach der Stromstärke, die nötig ist, damit es optimal funktioniert. Beginne bei der größten Stromstärke. Recherchiere gegebenenfalls.
Föhn – batteriebetriebenes Radio – elektrische Armbanduhr – Straßenbahn – LED

____

____

____

Aufgabe 8) Strom sparen

Die letzten Tage der Glühlampe

Stand: 30.08.2012 15:44 Uhr

Stufe vier des EU-Verbots: Die Glühlampe wird in Rente geschickt

Ab dem 1. September 2012 dürfen keine Glühlampen mehr verkauft werden, die bei Netzspannung mehr als 0,04 A benötigen. Diese Stromstärke ist vergleichbar mit der Stromstärke, die im Standby-Modus eines PC inklusive Monitor fließt.

Die Glühlampe steht damit faktisch vor dem Aus. Stattdessen sind LED-Lampen auf dem Vormarsch. Für die gleiche Helligkeit im Raum benötigen sie je nach Bauart eine circa zehnmal kleinere Stromstärke als Glühlampen.

Herausgeber: www.tagesschau.de/inland/gluehlampe104.html

Erkläre, warum das EU-Verbot der Glühlampe in Hinblick auf das Thema „Strom sparen" sinnvoll ist. Gehe am Beispiel des Standby-Modus des PCs auch darauf ein, wie noch Strom gespart werden kann.

Der Lügendetektor

Der Lügendetektor wurde Anfang des 20. Jahrhunderts von Psychologen entwickelt, um in juristischen Strafverfahren Schuldige zu überführen. In Fachkreisen wird er Polygraph genannt. Dieses Gerät misst körperliche Reaktionen des Menschen. Lügendetektortests wurden und werden heute noch hauptsächlich in den USA angewendet, zum Beispiel bei polizeilichen Ermittlungen oder sogar Bewerbungsgesprächen.

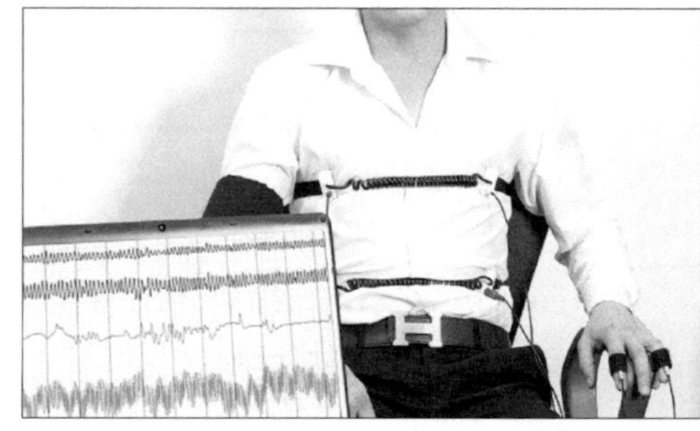

Bild 1: Lügendetektor

✎ Aufgabe 1) Lügen

Nenne körperliche Reaktionen, die einen Menschen beim Lügen entlarven können.

____

____

____

____

ⓘ Messungen beim Lügendetektor

Beim Lügendetektortest werden vier verschiedene Körperfunktionen aufgezeichnet:
① Blutdruck, ② Puls, ③ Atemfrequenz und die ④ elektrische Leitfähigkeit.

Blutdruck, Puls und Atemfrequenz hast du vielleicht schon einmal selbst ermittelt: den Blutdruck mit dem Blutdruckmessgerät zu Hause, den Puls im Sportunterricht mit Zeige- und Mittelfinger oder die Atemfrequenz gezählt (bei Kindern etwa 16 bis 25 Atemzüge pro Minute).

✎ Aufgabe 2) Stromkreis beim Lügendetektor

Um die elektrische Leitfähigkeit zu bestimmen, werden zwei Finger der befragten Person jeweils mit einer **Elektrode** verbunden (siehe Bild 2).

a) Zeichne in Bild 2 einen Schaltplan ein, an dem erkennbar ist,
   - wie der Stromkreis geschlossen wird
   - dass während einer Befragung dauerhaft elektrischer Strom durch den Menschen fließt.

   Tipp: Nutze für den Weg des Stroms durch den Menschen das Schaltsymbol des Widerstandes.

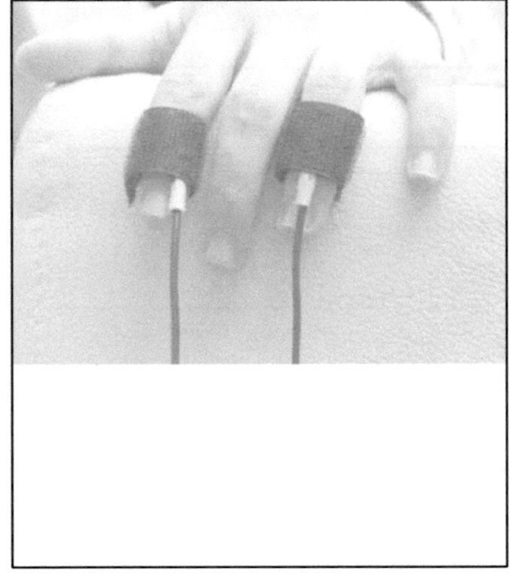

Bild 2: Elektroden an den Fingern

b) Gib Gründe an, warum die Elektroden an den Fingern angebracht werden.

c) Beschreibe und erkläre, wie man mit dem Versuchsaufbau erkennt, ob die befragte Person nervös ist.

Aufgabe 3) Schweiß und Lügendetektor

Beurteile, ob ein Lügendetektor messen kann, dass eine Person lügt.

Warum leitet Schweiß elektrischen Strom gut?

Aufgabe 4) Vom Schwindeln und Schwitzen

a) Gib an, mit welcher Flüssigkeit Schweiß vergleichbar ist. ____________________

Tipp: Hast du Schweiß z.B. nach dem Sport schon mal geschmeckt?

b) Zeichne den Schaltplan eines möglichen Experiments, um die Leitfähigkeit dieser Flüssigkeit zu untersuchen. Beschrifte alle Bauteile.

Erkläre, woran am Experiment deutlich wird, dass eine Flüssigkeit elektrischen Strom besser leitet als eine andere.

c) Stelle Hypothesen auf, welche Flüssigkeiten elektrischen Strom leiten (z.B. destilliertes Wasser, Salzlösung, Leitungswasser) und überprüfe diese mit dem Experiment. Protokolliere die Beobachtungen in deinem Heft.

Experiment: elektrische Leitfähigkeit von Flüssigkeiten

leitet: ____________________

leitet nicht: ____________________

✎ Aufgabe 5) Ionenleitung

Nicht alle Flüssigkeiten leiten elektrischen Strom, dies hängt von der chemischen Zusammensetzung ab. Schweiß besteht aus Wasser (H_2O) und dem Salz Natriumchlorid (NaCl). In einer wässrigen Lösung trennen sich die Teilchen des Natriumchlorids in Natrium-Ionen und Chlorid-Ionen. Sie können sich im Wasser frei bewegen.

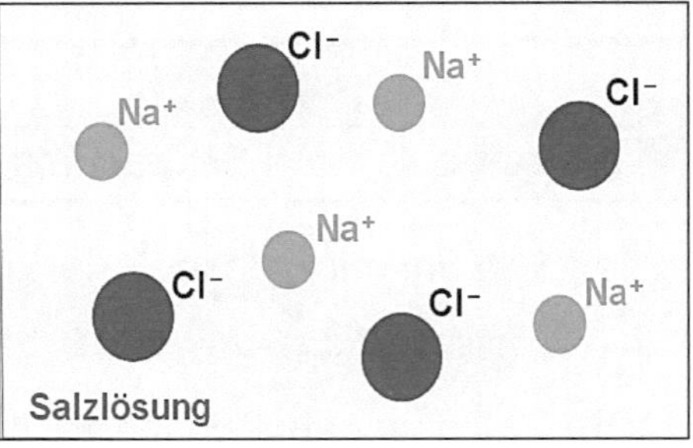

Ionen sind Teilchen, die elektrisch positiv oder negativ geladen sind.
Elektrischer Strom ist die Bewegung elektrisch geladener Teilchen, in diesem Fall Ionen.

a) Gib im folgenden Text an, welche elektrische Ladung Chlorid-Ionen und Natrium-Ionen in einer wässrigen Lösung besitzen.

Die Natrium-Ionen (Kurzschreibweise **Na^+**) sind **einfach**____________ geladene Teilchen. Dies erkennt man am hochgestellten ______________. Sie haben **ein Elektron zu wenig**.

Chlorid-Ionen (Kurzschreibweise **Cl^-**) sind **einfach**______________ geladene Teilchen. Dies erkennt man am hochgestellten ________________. Sie haben **ein Elektron zu viel.**

b) Ist die Salzlösung Teil eines Stromkreises, bewegen sich die Ionen zu den Elektroden. Zeichne mit Hilfe von <u>**Pfeilen**</u> jeweils die Richtung ein, in die sich die Ionen bewegen.

c) Ergänze den Ergebnissatz zur elektrischen Leitfähigkeit in Flüssigkeiten, indem du die Lücken ausfüllst.

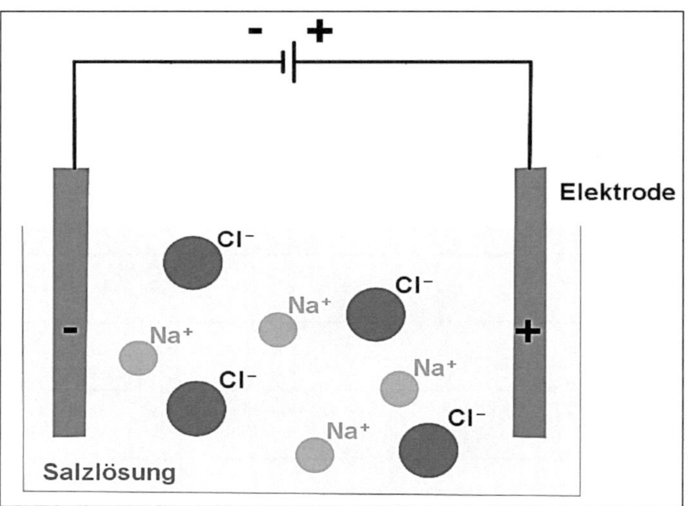

Durch die Bewegung der Ionen findet ein ____________________ in der Flüssigkeit statt. Die positiv geladenen Ionen wandern zum __________-Pol und die negativ geladenen Ionen wandern zum __________-Pol der elektrischen Quelle. Der Transport von Ladungen ist elektrischer __________. Daher können nur Flüssigkeiten, die __________________ Teilchen (Ionen) beinhalten, elektrischen Strom leiten.

Hilfe

Hilfe: Minus, Plus, elektrisch geladen, Ladungstransport, Strom

✐ Zusatzaufgaben

✐ Aufgabe 6) Lässt sich ein Lügendetektor austricksen?

Lügendetektoren werden in den USA auch bei Bewerbungsgesprächen eingesetzt. Im bekannten Kinofilm „Ocean's 13" wird eine solche Szene gezeigt. Die Akteure des Films planen einen Raubüberfall auf ein großes Kasino. Um die Spielautomaten im Kasino zu manipulieren, bewirbt sich einer der Hauptfiguren bei einer Firma für Kartenmischautomaten. Bei dem Bewerbungsgespräch steckt er sich Reißzwecken in den Schuh. Damit kann er den Lügendetektortest austricksen.

Erkläre mit Hilfe der Informationen zum Kontrollfragentest, wie in „Ocean's 13" der Lügendetektor ausgetrickst werden konnte.

Kontrollfragentest

Für das Testverfahren eines Lügendetektors ist die Fragetechnik am wichtigsten. Erst mit gut durchdachten Fragen kann der Wahrheitsgehalt der Antworten analysiert werden. Der Kontrollfragentest unterscheidet zwei Fragetypen: **Tat- und Kontrollfragen**.

Bei Tatfragen wird der Verdächtige direkt zur Tat befragt. Die Kontrollfragen beziehen sich auf unangenehme Umstände im Leben des Verdächtigen, nicht auf die Tat.

Es wird davon ausgegangen, dass eine schuldige Person beim Lügendetektortest stärker auf die Tatfragen reagiert als auf die Kontrollfragen. Im Gegensatz dazu zeigt ein Unschuldiger stärkere Reaktionen auf die Kontrollfragen als auf die Tatfragen.

Elektrotherapie bei Sportlern

Interview mit der Physiotherapie-Praxis *Olymp*

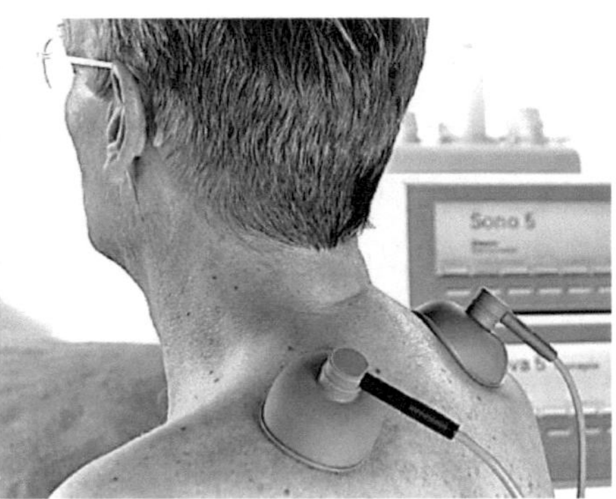

Die Physiotherapie-Praxis Olymp ist Partner des Olympiastützpunktes Rheinland und zählt daher viele **Spitzensportler** zu ihren Patienten. Im Interview verrät der Physiotherapeut Uwe Reiz, wie Spitzensportler hier wieder fit gemacht werden.

Kommen viele Spitzensportler zu Ihnen in die Praxis für eine Behandlung?

Ja - Der Spitzensport fordert zunehmend mehr von Sportlern. Die Beanspruchung des Körpers hat stark zugenommen und die Verletzungsgefahr hat sich erhöht. Entsprechend ist die Anzahl an Patienten gestiegen.

Können Sie den Lesern sagen, welche Spitzensportler Sie behandeln?

Aus Datenschutzgründen - leider nicht. Ich kann nur so viel verraten: Fußballer, Leichtathleten und Handballer kommen am häufigsten in die Praxis.

In welcher Sportart besteht die höchste Unfallquote?

Laut Statistik beim Fußball. Hier sind Verletzungen am Oberschenkelmuskel am häufigsten.

Fällt ein Spieler verletzungsbedingt aus, ist dies für den Verein ein großer Verlust.

Lionel Messi schoss in Spanien in der Saison 2017/18 34 Liga-Tore. Eine schnelle Wiederherstellung des Sportlers (Regeneration) ist somit wichtig.

Mit welchen Therapieformen unterstützen Sie Sportler?

Je nach Verletzung helfen Massagen, Wärme-/Kälteanwendungen oder Krankengymnastik. Eine weitere Möglichkeit ist die **Elektrotherapie**. Sie wendet Strom an, um Krankheiten und Verletzungen zu behandeln.

Heilung durch Strom – wie kann man sich das vorstellen?

Die Behandlung heißt Galvanisation. Sie wurde nach ihrem Erfinder Galvani benannt.

Bei Muskelverletzungen wie Prellungen mit tief im Muskel liegendem Bluterguss oder akuten Muskelzerrungen werden dem Patienten zwei Elektroden an der entsprechenden Körperstelle angebracht, sodass Strom durch den Muskel fließt. Die Anwendung dauert 5 bis 30 Minuten und kann täglich durchgeführt werden. Der Muskel wird dadurch stärker durchblutet und der Heilungsprozess beschleunigt. Mit dieser Methode können auch Medikamente tief unter die Haut eingebracht werden.

Vielen Dank Herr Reiz für den Einblick in Ihre Arbeit!

Artikel: Max Müller

24.07.2018

✎ Aufgabe 1) Stromkreis am Muskel

Eine Fußballspielerin und ein Handballer werden mit der Elektrotherapie „Galvanisation“ behandelt: Die Fußballerin am Oberschenkelmuskel, der Handballer am Schultermuskel und am Bizeps (siehe Bild).

Vervollständige die Stromkreise bei der Elektrotherapie an den einzelnen Muskeln, indem du die fehlenden Bauteile (elektrische Quelle, Leitungen, Widerstand) einzeichnest.
Bereits eingezeichnet sind die Elektroden auf der Haut ▢ (kein offizielles Schaltsymbol!) und beim Oberschenkel der Widerstand des Gewebes —▭—.

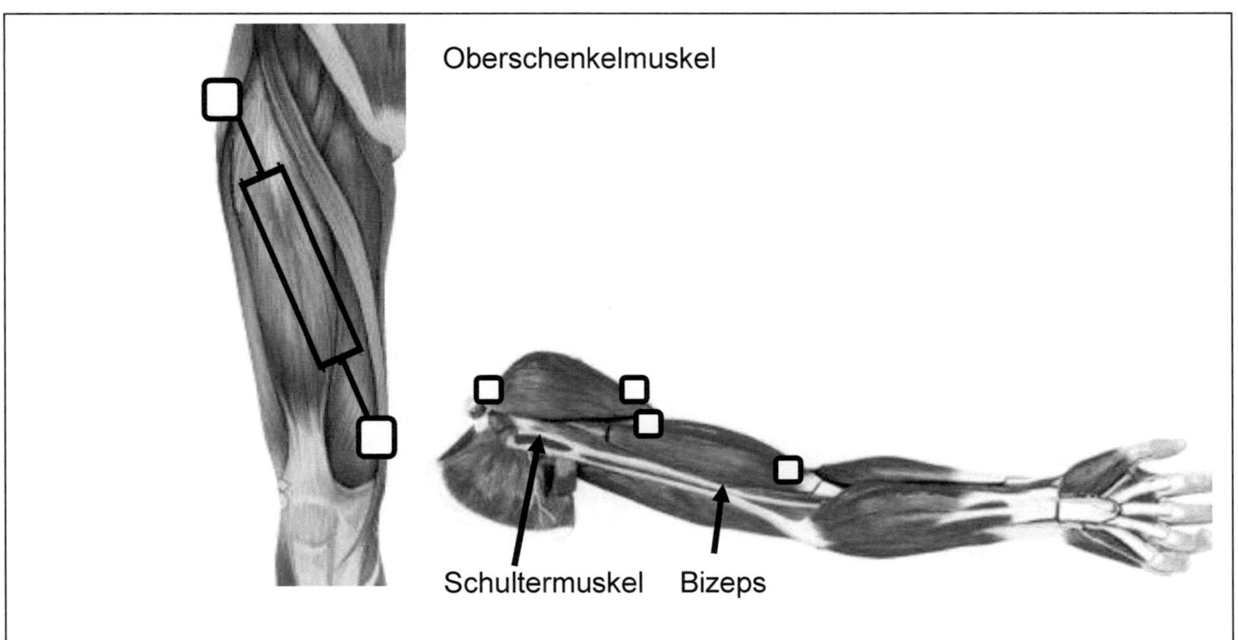

Wie funktioniert die Elektrotherapie „Galvanisation“, nachdem die Elektroden angebracht wurden?

ⓘ Ionenleitung im Gewebe

Das menschliche Gewebe besteht aus verschiedenen Zellen wie Nerven- und Muskelzellen. Darin befindet sich Gewebeflüssigkeit, die wiederum **Ionen (geladene Teilchen)** enthält. In der Gewebeflüssigkeit sind dies zum Beispiel Calcium-, Natrium-, Kalium- und Chlorid-Ionen.

✎ Aufgabe 2) Wie funktioniert die Elektrotherapie?

a) Die Kurzschreibweise der Ionen aus dem Gewebe steht in der Tabelle. Gib an, ob die Ionen positiv/negativ geladen sind und wie viele Elektronen zu wenig oder zu viel vorhanden sind.

Ion	Kurzschreib-weise	Elektrische Ladung (positiv/negativ)	Anzahl überschüssiger/ fehlender Elektronen
Natrium	Na^{+}		
Calcium	Ca^{2+}		
Kalium	K^{+}		
Chlorid	Cl^{-}		

b) Wird der Muskel über die Elektroden mit einer elektischen Quelle verbunden, bewegen sich die Ionen im Gewebe zu den Elektroden hin.
Zeichne mit Pfeilen die Richtung ein, in die sich die Ionen bewegen werden.

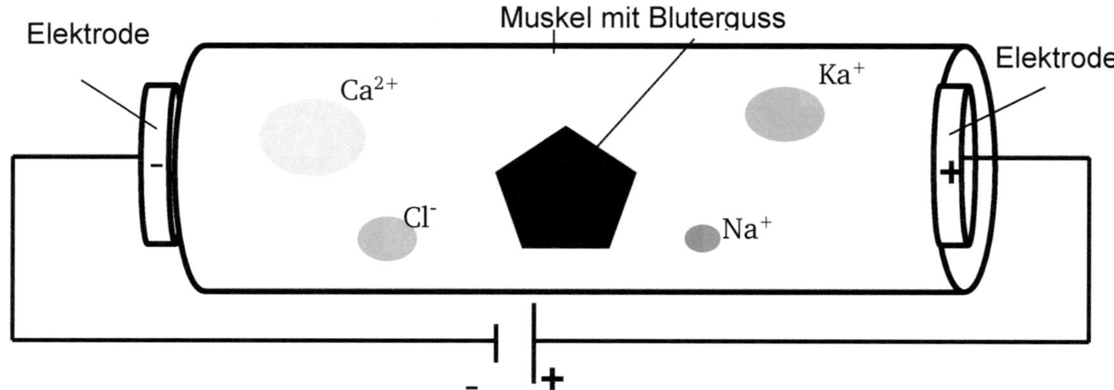

c) Erkläre, warum der elektrische Strom im Muskel hilft, den Bluterguss schneller abzubauen. Nutze hierzu folgende Hilfestellung:

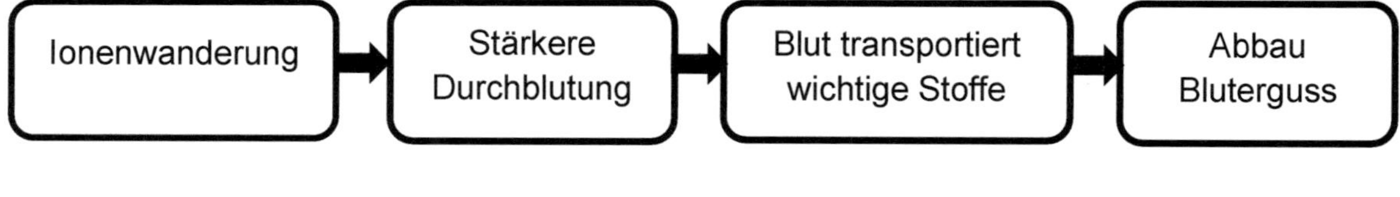

____

Der menschliche Körper **leitet** elektrischen Strom, indem die **Ionen** durch das Gewebe **wandern**. Dies macht sich die **Elektrotherapie** zunutze.

✎ Aufgabe 3) Einstellung der Elektrotherapie am Patienten

Wird ein Patient mit der Elektrotherapie behandelt, muss das Gerät richtig eingestellt werden! Strom kann für den Menschen gefährlich sein!

Welche Einstellungen sind gefährlich, welche nicht?

Betrachte hierzu das Stromstärke-Zeit-Diagramm und beantworte nachfolgende Aufgaben:

Gefährdungsbereich für erwachsene Personen & dem Stromweg von der „linken Hand zu beiden Füßen“

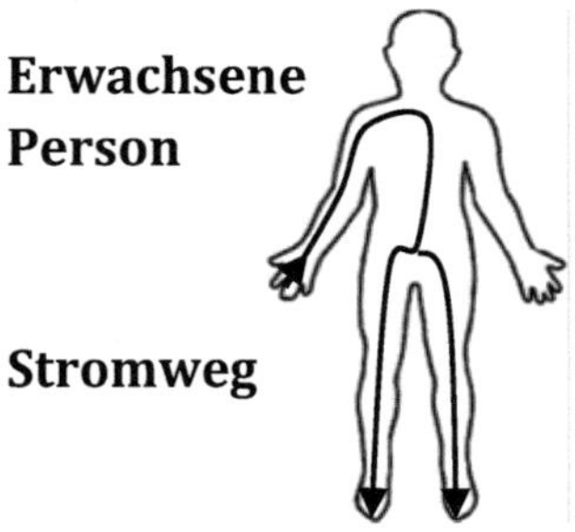

① Strom wird nicht wahrgenommen (0 mA bis 2 mA)
② keine gefährliche Wirkung
③ Muskelkrämpfe, mögliche Störung des Herzens
④ Herzkammerflimmern, Verbrennungen

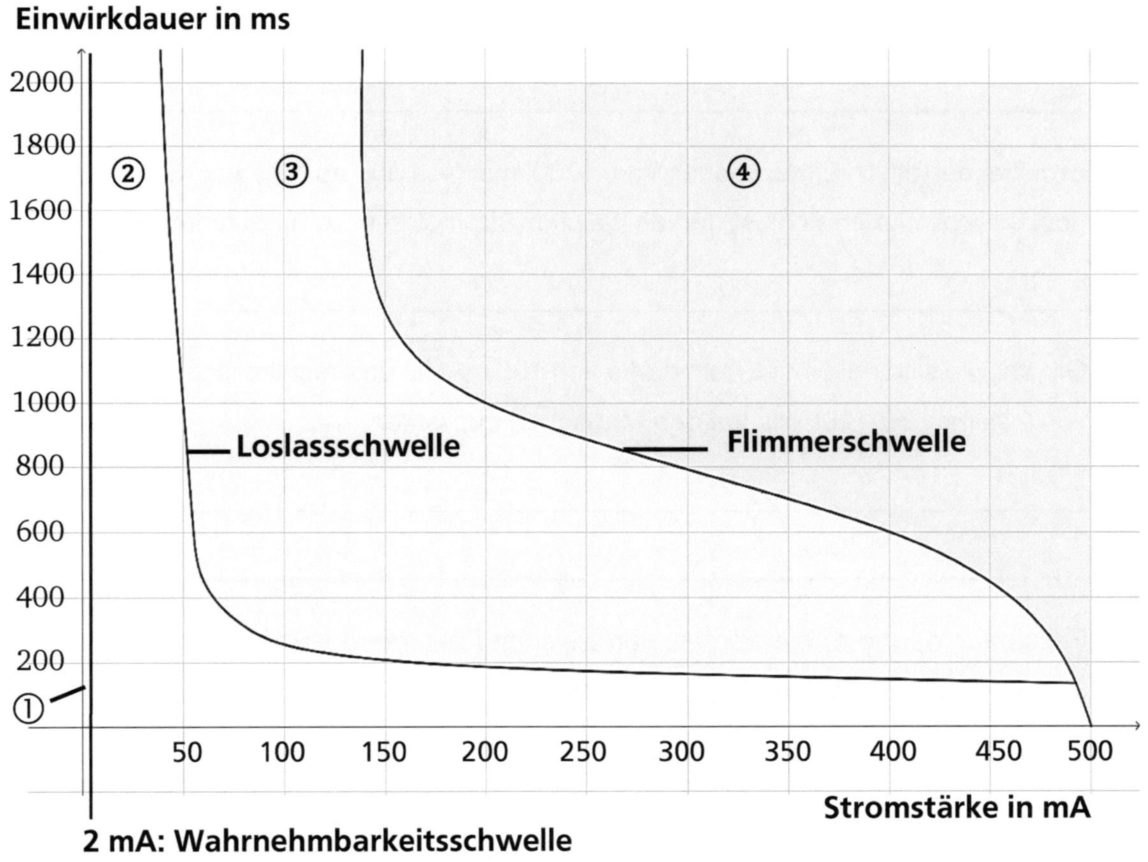

Erwachsene Person

Stromweg

Einwirkdauer in ms

2000
1800
1600
1400
1200
1000
800
600
400
200

①
②
③
④

Loslassschwelle

Flimmerschwelle

50 100 150 200 250 300 350 400 450 500

Stromstärke in mA

2 mA: Wahrnehmbarkeitsschwelle

a) Gib an, welche Bereiche ①-④ für den Menschen gefährlich sind, welche nicht.

____

b) Gib die Stromstärke an, ab der der Mensch elektrischen Strom wahrnimmt.

____

c) Erkläre, warum das Überschreiten der Loslass- und Flimmerschwelle vermieden werden sollte. Ordne diese Begriffe zunächst der richtigen Beschreibung zu.

ⓘ Loslass- und Flimmerschwelle

____

Ab dieser Schwelle verkrampfen die Muskeln so stark, dass ein Leiter nicht mehr selbstständig losgelassen werden kann.

____

Ab dieser Schwelle wird Herzkammerflimmern ausgelöst.

____

____

____

____

____

d) Ermittle bei einer Einwirkdauer von 1000 ms (= 1 s), ab welcher Stromstärke die Loslassschwelle erreicht ist und ab welcher Stromstärke Kammerflimmern einsetzt.

____

e) Gib an, wie sich bei einer Stromstärke von 100 mA die unterschiedlichen Einwirkdauern von 200 ms und 1200 ms auf den Menschen auswirken.

____

____

f) Fasse aus d) und e) zusammen, von welchen Faktoren die Gefahr für den Menschen abhängt. Benenne weitere Faktoren anhand der Diagrammüberschrift.

____

____

____

____

g) Analysiere, welcher Bereich für die Elektrotherapie „Galvanisation“ sinnvoll ist.

____

____

ⓘ Informationstext: Gleich- und Wechselstrom

Ein weiterer Faktor, der bestimmt, wie groß die Gefahr des Stroms für den Menschen ist, ist die **Art des Stroms**.

	Gleichstrom	**Wechselstrom**
Beispiel elektrische Quelle	Batterie	Steckdose zu Hause
Anwendung	Galvanisation, um Blutergüsse abzubauen	Reizstromtherapie, um Muskeln aufzubauen
Eigenschaft	Strom, der in eine Richtung mit einer konstanten Stromstärke (bei gleichem Widerstand) fließt	Strom, der in festen Abständen seine Richtung ändert und dessen Stromstärke schwankt.
Modell: Bewegung der Elektronen	Elektronen fließen in eine Richtung mit konstanter Geschwindigkeit	Elektronen schwingen um einen festen Platz

Wechselstrom ist bei kleineren Stromstärken bereits gefährlich. Dies liegt an den schneller verkrampfenden Muskeln (Loslassschwelle ist geringer) und dem Herzrhythmus, der versucht, sich an den Rhythmus des Stroms anzupassen. Es kommt daher schneller zu Herzkammerflimmern als bei Gleichstrom.

✎ Aufgabe 4) Gefahr für den Menschen

Formuliere eine Je-Umso-Aussage über die Gefahr/Wirkung des elektrischen Stroms für den Menschen in Hinblick auf Stromstärke und Einwirkdauer des Stroms.
Markiere diese Aussage rot!

____

____

____

____

____

Zusatzaufgaben

Aufgabe 5) Elektrotherapie verboten!

Bei Personen mit Implantaten aus Metall, die nach einem Knochenbruch eingesetzt wurden, ist die Elektrotheraphie verboten. Erkläre dies.

Aufgabe 6) Anwendung der Elektrotherapie: Iontophorese

Die Elektrotherapie wird auch genutzt, um Medikamentenwirkstoffe tief unter die Haut einzubringen. Genutzt wird dies bei Sportlern, aber auch in der Kosmetik. Hierzu wird die Haut mit dem Medikament eingecremt und dann die Elektroden darauf angebracht.

Erkläre, was das Medikament erfüllen muss, damit es mit der Elektrotherapie tief in das Gewebe transportiert wird.

Aufgabe 7) Herzkammerflimmern

Zu Herzkammerflimmern kann es schon bei weit geringeren Stromstärken kommen als man im Graphen ablesen kann. Gib hierfür mögliche Gründe an.

✎ Aufgabe 8) Achtung: Verätzungsgefahr!

Durch die anliegende Spannung an den Elektroden wandern die Ionen im menschlichen Körper. Durch die anhaltende Veränderung der Ionenkonzentration bildet sich am positiven Pol eine Salzsäure (HCl) und am negativen Pol eine Natronlauge (NaOH). Es besteht somit Verätzungsgefahr!

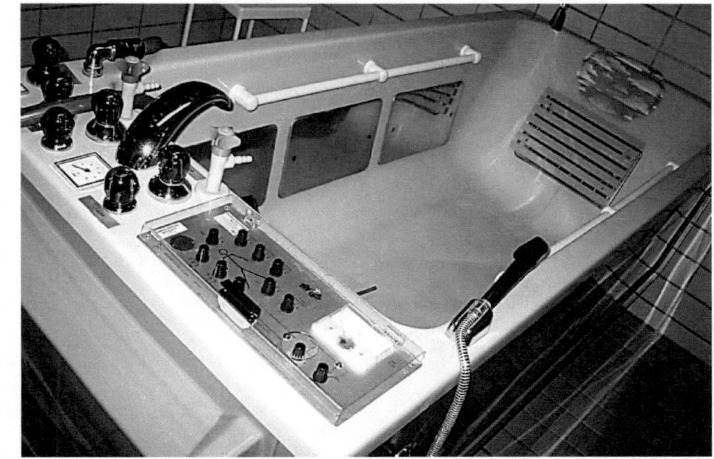

Um dies zu vermeiden, legt man große Schwämme zwischen Haut und Elektrode oder wendet die Galvanisation in sogenannten hydroelektrischen Vollbädern an (siehe Bild). Die Elektroden haben dann keinen direkten Kontakt zur Haut, da sich zwischen Elektrode und Körper Wasser befindet.

Erkläre, warum Schwämme oder das hydroelektrische Vollbad Verätzungen bei der Galvanisation vermeiden.

____

____

____

____

____

Lösungsteil mit didaktischem Kommentar

Hinweise für Lehrkräfte

Allgemeines zur Verwendung der Materialien	
Titel Kontext	Der heiße Draht
Physikalischer Inhalt	• Geschlossener Stromkreis • Bauelemente eines Stromkreises
Unterrichtszeit[1]	45 Minuten mit den Freihandexperimenten

[1] ohne Zusatzaufgaben

Didaktischer Kommentar

- Bauelemente des Stromkreises werden reduziert auf eine elektrische Quelle, Leitungen und ein Elektrogerät.
- Begriffe:
  - elektrische Quelle, um den Antrieb der Elektronen bereits anzubahnen (keine Spannungsquelle, da der Begriff der Spannung noch nicht bekannt ist)
  - Elektrogerät, um den Begriff „Verbraucher" zu vermeiden (Begriff des elektrischen Widerstandes noch nicht bekannt)
  - Leitung (häufig genutzt wird von den Lernenden der Begriff Kabel, dies sind jedoch besondere elektrische Leitungen, die in der Erde verlegt sein müssen)

  ➡ Fokus auf Quelle des elektrischen Stroms, Transport und Nutzung des elektrischen Stroms
- Unterscheidung von Leitern und Isolatoren findet durch ihre Eigenschaft statt, Strom zu leiten oder nicht. Ein Teilchenmodell zur Vorstellung und Erklärung erfolgt im Laufe der Unterrichtsreihe.
- Die Elektrische Quelle des Autoscooter-Fahrgeschäfts wird vereinfacht als Batterie dargestellt.
- Hinweis zur Erdung der Fahrfläche wird gegeben, ist an dieser Stelle jedoch noch nicht erklärbar (Stahlfläche und Boden befinden sich auf einem Potential).

Der heiße Draht

Die *100.000 Mark Show* war eine der ersten großen Fernsehshows im Privatfernsehen und gehörte zu den erfolgreichsten Sendungen RTLs (1993-2000). Die Kandidaten kämpften um 100.000 Mark in einem Tresor. Dies war eine enorm große Summe für eine TV-Show.
Das Team, das es bis ins Finale schaffte, konnte mit drei Finalspielen falsche Codes für den Tresor eliminieren.

Die 100.000,- Show

Heute 20.15

R T L

Die Moderatorin der Show erklärte das zweite Finalspiel wie folgt:

DER HEIßE DRAHT

„Ein Partner steht auf dem Plateau eines Gabelstaplers und hält einen großen Ring in der Hand. Ziel ist es, den Draht mit dem Ring zu durchfahren, ohne ihn zu berühren. Der andere Partner steuert den Gabelstapler nach oben/unten sowie links/rechts.
Wird der Draht mit dem Ring berührt, leuchtet eine Lampe auf und ihr müsst zum letzten Sicherheitspunkt, der markiert ist, zurück.“

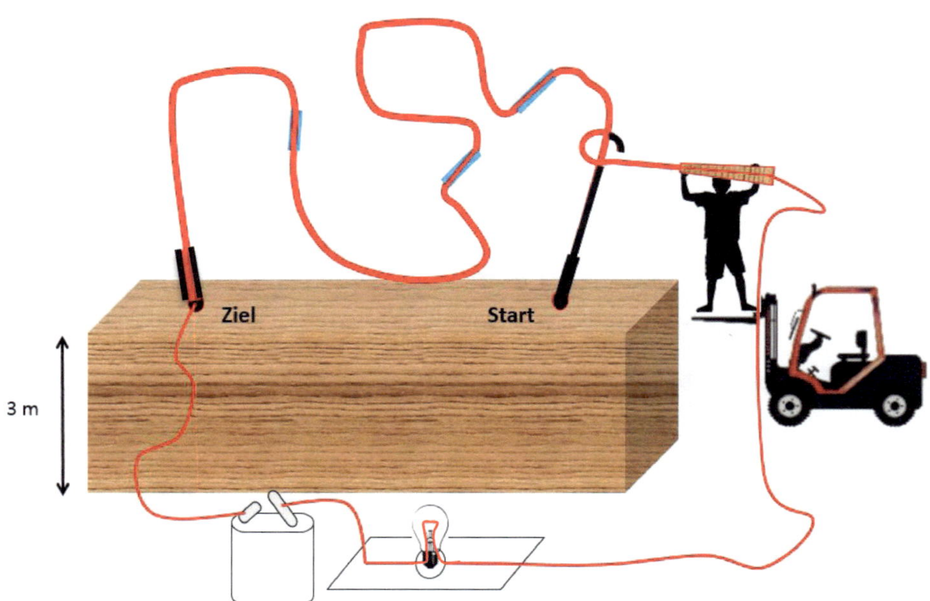

Experiment 1:

a) Baue das Spiel nach und bringe eine Glühlampe zum Leuchten.
b) Benenne, falls vorhanden, Unterschiede zum Original.
c) Nutze so wenig Bauteile wie möglich, damit die Glühlampe leuchtet.

✎ Aufgabe 1) Der elektrische Stromkreis

a) Skizziere in die Abbildung den Stromkreis, wenn der Ring den Draht an der Stelle in der Abbildung berührt.
Siehe Abbildung

b) Erkläre, warum die Glühlampe nur dann aufleuchtet, wenn der Ring den Draht berührt.
Nur wenn der Ring den Draht berührt, ist der Stromkreis geschlossen und elektrischer Strom kann durch die Lampe fließen.

c) Erkläre, warum die Lampe nicht aufleuchtet, wenn eine Sicherheitsmarkierung mit dem Ring berührt wird. Gehe auf den Unterschied zum Draht ein.
Die Sicherheitsmarkierungen sind aus einem anderen Material als der Draht und können elektrischen Strom nicht leiten [Isolatoren]. Der Stromkreis kann nicht geschlossen werden.

Experiment 2: Leiter und Isolatoren bei Festkörpern

✎ Aufgabe 2) Elemente von Stromkreisen

In einer entscheidenden Quizrunde können die Kandidaten eine weitere falsche Code-Kombination des Tresors ausschließen, wenn sie mindestens fünf der sechs Gegenstände richtig zuordnen.

a) Ordne die abgebildeten Gegenstände den drei Kategorien zu.

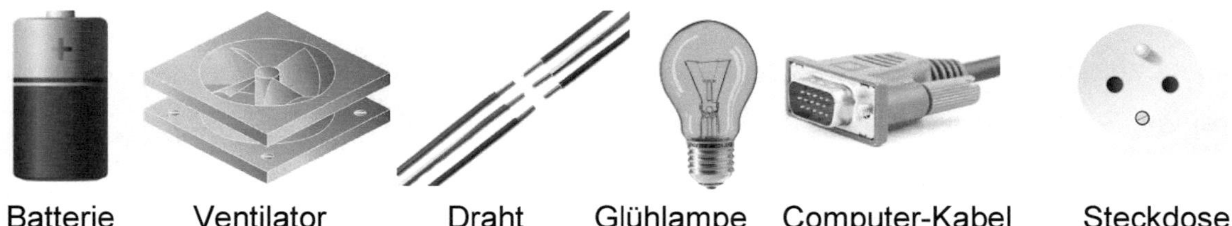

Batterie Ventilator Draht Glühlampe Computer-Kabel Steckdose

Elektrische Quelle	Leitung	Elektrogerät
Batterie	*Draht*	*Ventilator*
Steckdose	*Computer-Kabel*	*Glühlampe*

b) Vervollständige den Lückentext:

Elektrische Quellen sind der Antrieb elektrischen Stroms. Dieser fließt in den *Leitungen* und wird im *Elektrogerät* genutzt.
Elektrischer Strom fließt nur, wenn der Stromkreis *geschlossen* ist. Ist der Stromkreis *offen*, funktioniert das *Elektrogerät* nicht.

Zusatzaufgaben

Aufgabe 3) Stromkreis ohne Kabel?!

Eine Taschenlampe leuchtet, wenn die Batterie richtig angeschlossen ist.

Entscheide begründet, welche Lampe leuchtet.

Experiment 3: Flachbatterie und Glühlampe

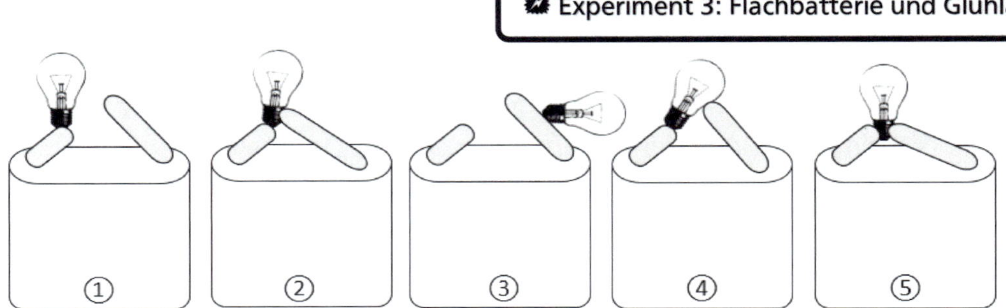

Lampe 1: leuchtet nicht, da der Stromkreis nicht geschlossen ist. Die Glühlampe ist nur mit einem Pol der Batterie verbunden.

Lampe 2: leuchtet, da der Stromkreis geschlossen ist und die Glühwendel Teil des Stromkreises ist.

Lampe 3: siehe Lampe 1

Lampe 4: leuchtet nicht, da der Stromkreis nicht geschlossen ist. Ein Pol der Batterie berührt das Glas der Lampe, dieses leitet den elektrischen Strom nicht.

Lampe 5: leuchtet nicht, da der Strom nur durch den Lampensockel fließt, sodass die Glühwendel nicht leuchtet.

Aufgabe 4) Der Stromkreis in Haushaltsgeräten

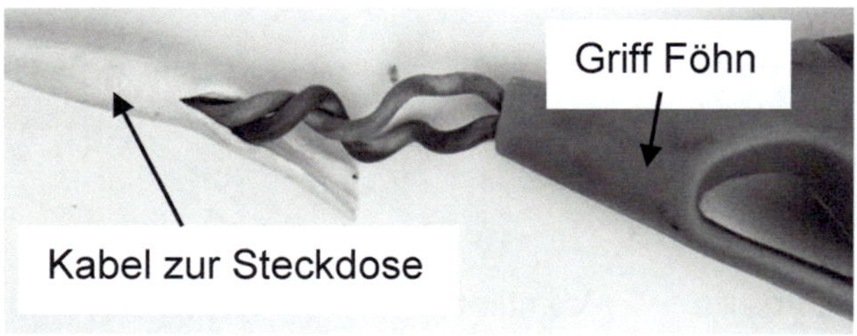

Peter versteht nicht, warum im Physikunterricht behauptet wird, dass Elektrogeräte nur in einem Stromkreis funktionieren.

Zu Hause steckt er doch nur ein einziges Kabel in die Steckdose, damit sein Föhn oder sein Handyladegerät funktionieren.

a) Erkläre Peter seinen Denkfehler mit Hilfe des Bildes oben rechts.

   Wie man auf dem Bild erkennen kann, sind im Kabel eines Föhns zwei Leitungen, sodass der Strom von der Steckdose in das Gerät und wieder zurückfließen kann.

b) Skizziere den Stromkreis in der Tischlampe, dem Föhn und den Kopfhörern.

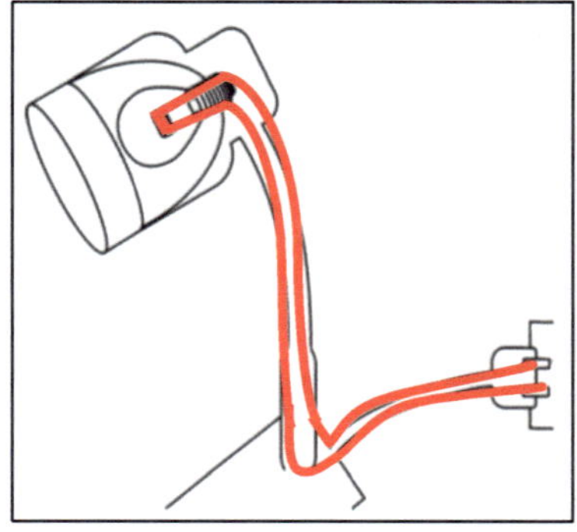

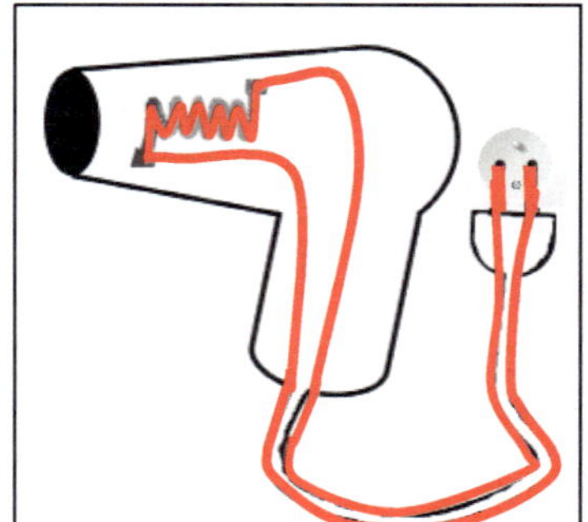

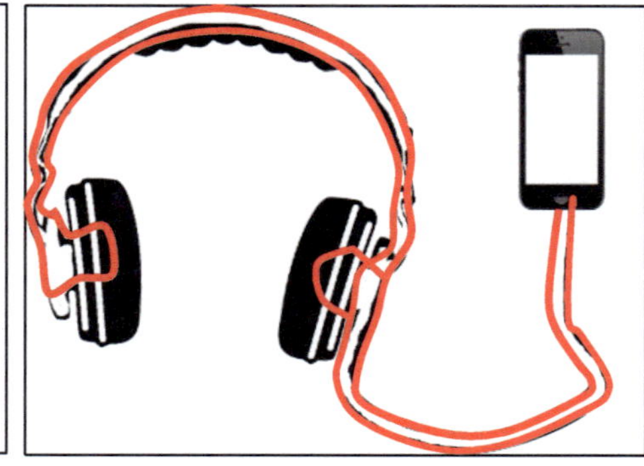

✎ Aufgabe 5) Autoscooter

Auf Jahrmärkten, Volksfesten oder Rummelplätzen ist das Autoscooter-Fahrgeschäft ein beliebter Treffpunkt. Das erste Fahrgeschäft dieser Art gab es in Deutschland 1926. Die Autoscooter sind kleine Elektroautos, die über eine Stahlfläche fahren können.

✎ Aufgabe 5.1) Erster Blick auf das Autoscooter-Fahrgeschäft

a) Betrachte das Bild des Fahrgeschäfts genau. Beschreibe, welche Besonderheiten dir an dem Fahrgeschäft und den Autoscootern auffallen.

- *Über der Fahrbahn ist ein Netz gespannt.*
- *Die Autos sind mit einer langen Stange versehen, die bis an das Netz reicht.*
- *Der Boden scheint metallisch glänzend.*

b) Stelle Vermutungen auf, wofür die in a) benannten Bauteile genutzt werden.
Über die Stange, den Boden und das Netz kann elektrischer Strom fließen.

✎ Aufgabe 5.2) Stromkreis beim Autoscooter

Kann die Fahrt losgehen, schaltet der Betreiber des Autoscooters im Kassenhäuschen die elektrische Quelle ein. Durch den Elektromotor des Autos fließt dann Strom. Hierfür ist das Netz über der Fahrfläche und die Stange am Heck des Autos, der sogenannte Stromabnehmer, wichtig.

Die Autos können dann mit einer Geschwindigkeit von 10-15 km/h über die Stahlfläche fahren. Dabei muss eine Stahlbürste unten am Auto permanent Kontakt zur Fahrfläche haben.

Stromabnehmer

Auto von unten mit Elektromotor und Stahlbürste

a) Benenne, welche physikalische Voraussetzung gegeben sein muss, damit das Auto fährt. *Der Stromkreis muss geschlossen sein.*

b) Skizziere einen geschlossenen Stromkreis des Autoscooter-Fahrgeschäfts in der Abbildung und beschreibe den Stromkreis.

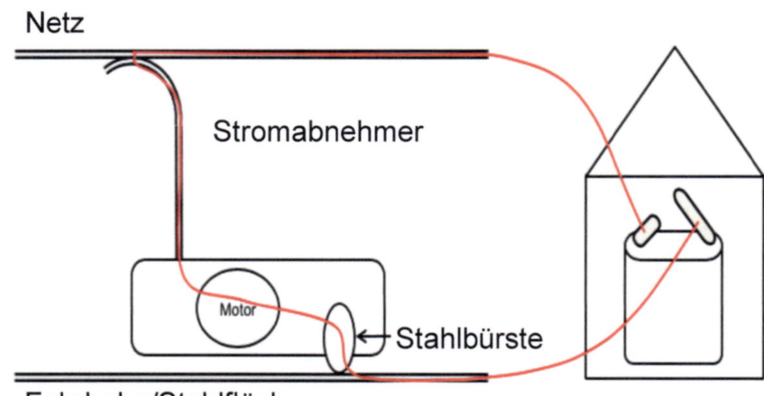

Der Strom fließt von der elektrischen Quelle über den Stahlboden zum Auto. Dort bildet die Stahlbürste eine leitende Verbindung. Dann fließt der Strom durch den Motor und weiter über die Stange, den Stromabnehmer und das Netz an der Decke zurück an die elektrische Quelle. [Beschreibung alternativ auch in umgekehrter Reihenfolge]

c) Zum Stromkreis des Autoscooters gehören insgesamt sechs Bauteile.
Notiere diese in der Tabelle und ordne ihnen ihr Element des Stromkreises zu (Elektrische Quelle, Leitung, Elektrogerät).

Nr.	Bauteil des Fahrgeschäfts	Element im Stromkreis
1	*Netz*	*Leitung*
2	*Stromabnehmer*	*Leitung*
3	*Motor*	*Elektrogerät*
4	*Stahlbürste*	*Leitung*
5	*Fahrbahn*	*Leitung*
6	*Stromanschluss*	*Elektrische Quelle*

d) Der Stromabnehmer und die Stahlbürste werden auch als *Schleifkontakte* bezeichnet. Erkläre diese Namensgebung im Zusammenhang mit dem Stromkreis.
Die Bürste „schleift“ über den Boden, der Stromabnehmer am Netz. Beide haben ständig Kontakt zu diesen Bauteilen, um eine leitende Verbindung herzustellen.

Wichtiger Hinweis

Die Fahrfläche ist an den Minuspol und das Netz an den Pluspol der elektrischen Quelle angeschlossen. Außerdem ist die Fahrfläche **geerdet**, das heißt, dass eine leitende Verbindung zum Erdreich besteht. Dies ist notwendig, um einen elektrischen Schlag zu vermeiden, wenn man die Fahrfläche betritt (solange die elektrische Quelle an ist). Zu einem späteren Zeitpunkt wirst du dies selbst erklären können!

Hinweise für Lehrkräfte

Allgemeines zur Verwendung der Materialien	
Titel Kontext	Elektriker: Schaltsymbole und Schaltpläne
Physikalischer Inhalt	• Verschiedene Schaltsymbole • Schaltpläne (Regeln zum Zeichnen)
Unterrichtszeit[1]	20 Minuten

[1] ohne Zusatzaufgabe, ohne Experimente

Didaktischer Kommentar

Beim allgemeinen Schaltsymbol der elektrischen Quelle wird zunächst auf die Kennzeichnung für Gleich- und Wechselspannung verzichtet.

Mögliche methodische Anregungen

Einsatz eines Stromkreis Puzzles, das auch im Verlauf der gesamten Unterrichtsreihe genutzt werden kann. In Anlehnung an die Idee von der Internetseite

https://lehrerfortbildung-bw.de/u_matnatech/physik/bs/6bg/6bg3/elektr3/gesetze/puzzle-ab/ wird ein Puzzle mit folgenden Puzzleteilen erstellt:

- verschiedene elektrische Quellen
- Leitungen
- Leitungen mit 90°-Richtungsänderung
- Lampen
- Motoren
- weitere Elektrogeräte
- Schaltern (für den Verlauf der Reihe)
- ....

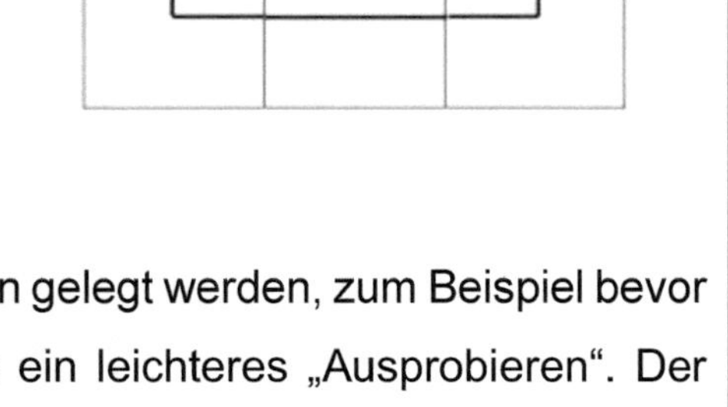

Mit diesem Puzzle können Schaltpläne von Stromkreisen gelegt werden, zum Beispiel bevor man sie real im Experiment aufbaut. Sie ermöglichen ein leichteres „Ausprobieren“. Der Vorteil ist vor allem, dass Regeln zum Zeichnen von Schaltplänen automatisch eingehalten und Skizzen solcher Schaltpläne korrekt ins Heft der Lernenden übernommen werden.

Schaltsymbole und Schaltpläne

Zeichnet ein Elektriker den Stromkreis eines Smartphones, wenn es an der Steckdose angeschlossen ist und es vorrangig um das leuchtende Display geht, ähnelt die Zeichnung einer „Geheimschrift“ mit kryptischen Zeichen (siehe Abbildung). Mit dem realen Aussehen eines Smartphone-Displays, einer Steckdose und dem Ladekabel hat dies wenig zu tun.

Elektriker nutzen **Schaltpläne**, um Stromkreise einfacher darzustellen.
Die elektrischen Bauteile werden durch **Schaltsymbole** dargestellt und ihre Verbindungen folgen einfachen Regeln.

Kannst du die Schaltsymbole entschlüsseln?

Aufgabe 1) Realer Aufbau und Schaltplan

Ordne die fotografierten Stromkreise den passenden Schaltplänen zu, indem du sie miteinander verbindest. Nutze hierzu ein Lineal.

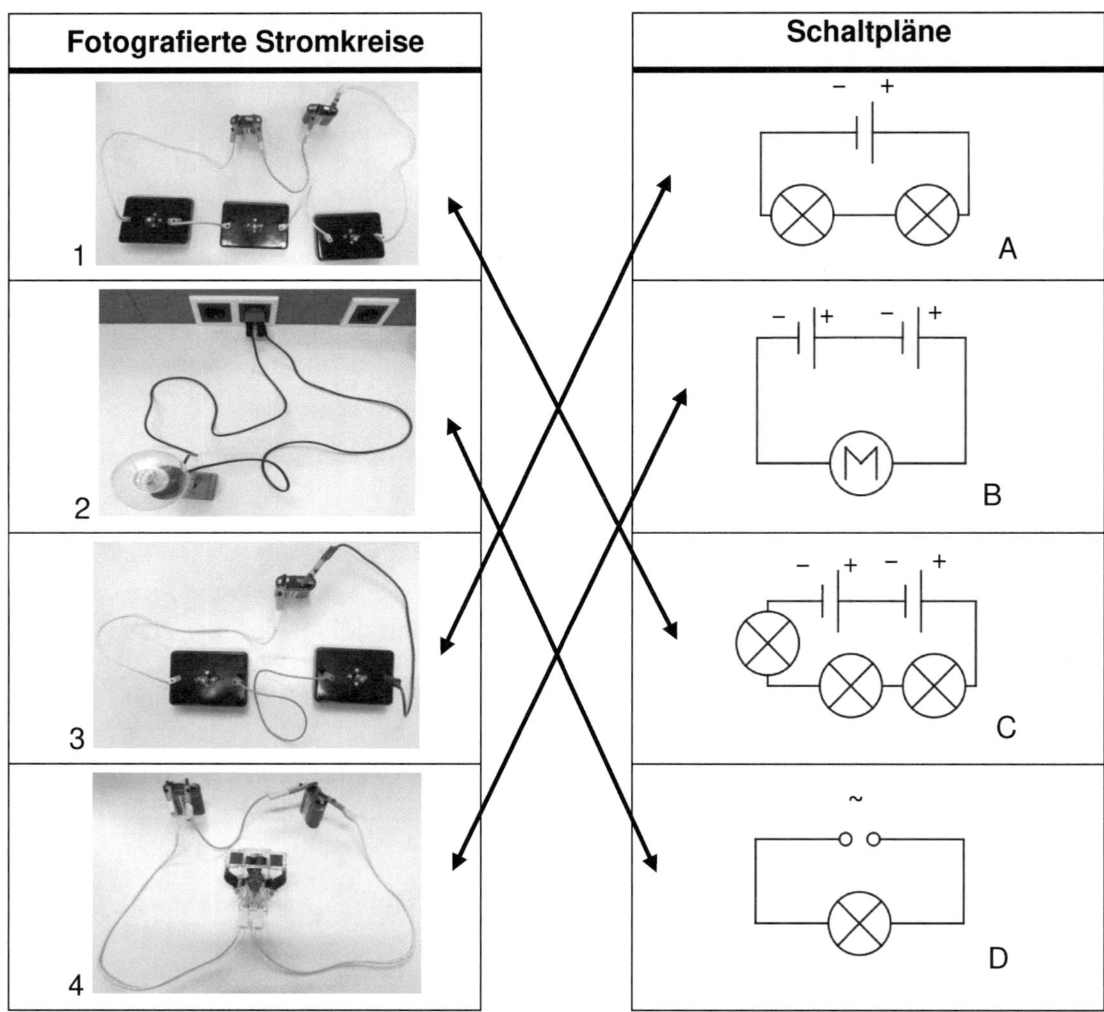

Aufgabe 2) Elektrische Bauteile und ihre Schaltsymbole

Fertige eine Tabelle in deinem Heft an, in die du die Namen der elektrischen Bauteile und die zugehörigen Schaltsymbole einträgst. Lass an dieser Stelle in deinem Heft etwas mehr Platz, um die Tabelle im Laufe des Unterrichts zu erweitern.

Beispiel Hefteintrag: *Schaltsymbole*

Elektrisches Bauteil	*Schaltsymbol*
Glühlampe	
Leitung	
Batterie	− +
Elektrische Quelle (allgemeines Symbol)	~
Motor	M

Aufgabe 3) Regeln zum Zeichnen von Schaltplänen

Der Elektriker-Meister bekommt in seinem Ausbildungsbetrieb immer wieder Schaltpläne von Lehrlingen vorgelegt. Er hat festgestellt, dass sich typische Fehler einschleichen.

a) Vergleiche die Schaltpläne miteinander und finde die drei Fehler des Lehrlings.

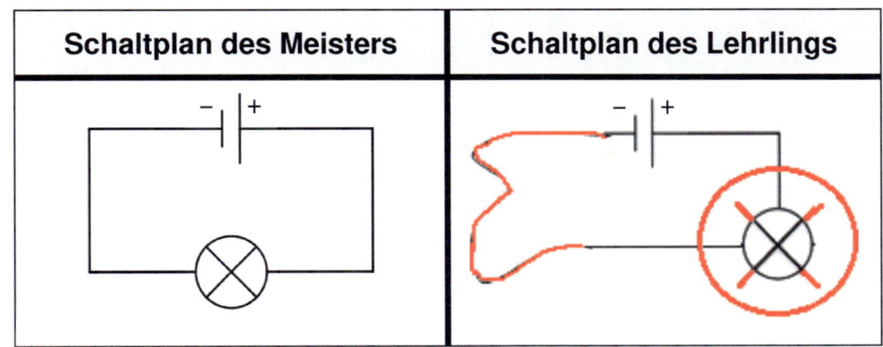

Fehler des Lehrlings:

- *kurviges Kabel*
- *Schaltsymbol der Glühlampe unsauber gezeichnet*
- *Position der Glühlampe an einer Ecke im Schaltplan*

b) Formuliere Regeln, die beim Zeichnen der Leitungen und der Elektrogeräte eingehalten werden müssen.

- *Leitungen werden mit Lineal gezeichnet.*
- *Richtungsänderungen der Leitungen finden in 90°-Winkeln statt.*
- *Elektrogeräte werden durch ihr entsprechendes Schaltsymbol dargestellt.*
- *Elektrogeräte dürfen im Schaltplan nicht an die Ecken von Leitungen eingezeichnet werden.*

Aufgabe 4) Schaltsymbole und -pläne sinnvoll?!

Begründe, warum die Verwendung von Schaltsymbolen und Schaltplänen sinnvoll ist. Benenne auch, welche Nachteile du siehst.

+ *einfache und übersichtliche Darstellung von Stromkreisen*
+ *genormte Symbole auf nationaler und internationaler Ebene zur besseren Verständigung*
- *realer Aufbau nicht mehr erkennbar*

Zusatzaufgaben

Aufgabe 5) Schaltpläne zeichnen

Zeichne zu den Bildern oder Beschreibungen jeweils den Schaltplan.

Beachte, dass du die Regeln zum Zeichnen von Schaltplänen und Symbolen einhältst!

Bild oder Beschreibung des Experiments	Schaltplan
★ Glühlampe an einer Flachbatterie 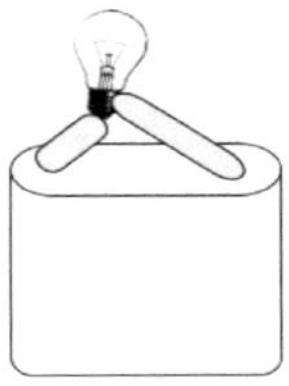	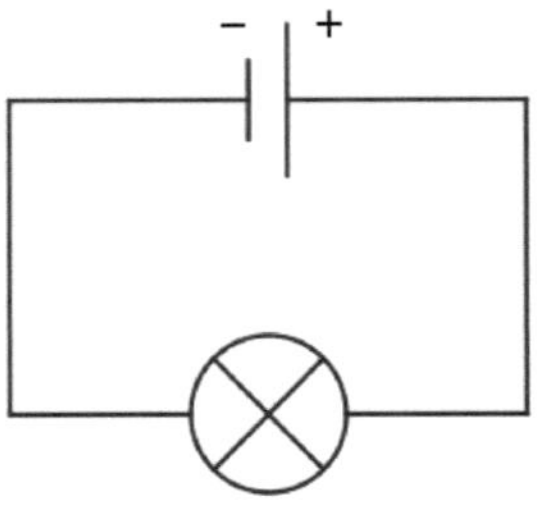 – +
★★ Eine Lichterkette mit drei Glühlämpchen ist an eine Steckdose angeschlossen.	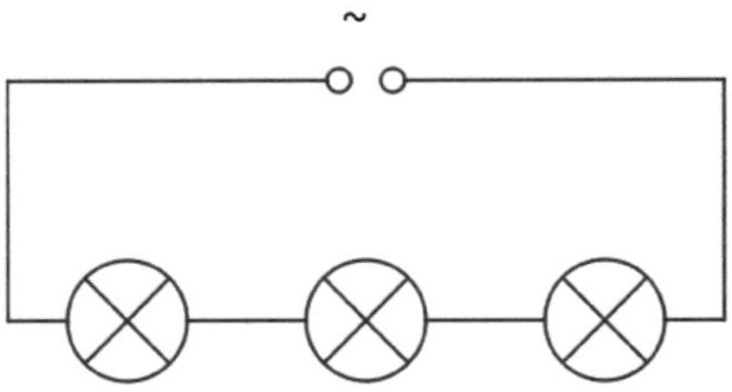 ~
★★★ Stromkreis des Autoscooters 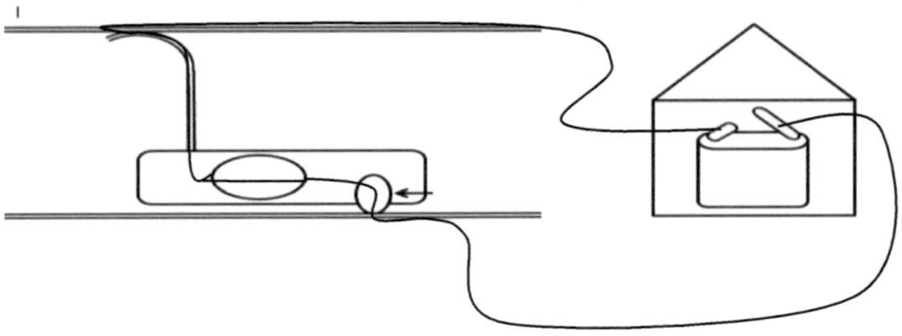	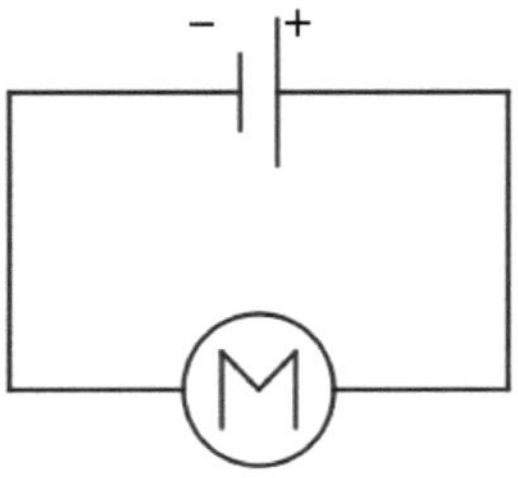 – + M

Hinweise für Lehrkräfte

Allgemeines zur Verwendung der Materialien	
Titel Kontext	Das Hotelzimmer: All inclusive – nur das Licht nicht!
Physikalischer Inhalt	• Schaltertypen (Stellschalter, Tastschalter) • Funktionsweise und Schaltsymbole von Schaltern
Unterrichtszeit[1]	25 Minuten

[1] ohne Zusatzaufgaben, ohne Experimente

Didaktischer Kommentar

Eine Zimmerkartenhalterung wird vereinfacht angenommen als Halterung aus Plastik, in der sich ein Schalter befindet, der durch die Zimmerkarte betätigt wird.

All inclusive – nur das Licht nicht!

Maxi und seine Familie wollen in Spanien Sommerurlaub machen. Ihre Ferienzeit beginnt aber alles andere als entspannt. Im Hotelzimmer stößt die Familie auf technische Probleme. Da das Personal an der Rezeption gerade Mittagspause hat, wendet sich Maxi an ein Internetforum:

Fragdasforum.de

Maxi11

dabei seit:
November 2016

HILFE!!! KEIN STROM IM HOTELZIMMER!

17.04.2018, 14:01

Hey Leute,

meine Familie und ich sind gerade in Barcelona. Wir haben ein sehr cooles 3-Sterne-Hotel ★★★ gebucht. Man kann das Hotelzimmer mit einer Karte öffnen und eine Minibar gibt es auch.

Leider haben wir nun ein Problem mit dem Strom im Zimmer: Das Licht geht nicht, die Klimaanlage funktioniert nicht und mein Smartphone lässt sich auch nicht laden. Hat hier jemand eine Idee, woran das liegen könnte??

Aufgabe 1) Forumseintrag

a) Formuliere eine Antwort im Forum, in der du mögliche Gründe angibst, warum die Stromversorgung im Hotelzimmer nicht funktioniert.

Hallo Maxi, hier mögliche Ideen für dein Problem:

- *Lichtschalter kaputt → andere Lichtschalter im Zimmer ausprobieren*
- *Wackelkontakt am Ladekabel/Steckdose defekt → anderes Kabel oder andere Steckdose ausprobieren*
- *Elektrizität des Zimmers wird extern über Rezeption gesteuert → Personal muss die Stromzufuhr zuerst „aktivieren"*
- *Stromausfall/Sicherung ausgelöst*
- ***Zimmerkarte muss in den Kartenhalter an der Wand eingesteckt werden, damit die Stromversorgung im Hotelzimmer funktioniert.***

b) Beschreibe die Ursache des Problems mit Hilfe von physikalischen Begriffen und gehe dabei besonders auf die Zimmerkarte ein.

Hilfe

*Ist der Stromkreis offen, kann kein Strom durch die Leitungen des Stromkreises im Hotelzimmer fließen. Um den Stromkreis zu schließen, muss die Zimmerkarte in den Schlitz des Kartenhalters an der Wand gesteckt werden. Die Zimmerkarte schließt den elektrischen Stromkreis, indem sie einen **Schalter** im Inneren des Kartenhalters betätigt.*

[Die Zimmerkarte ist aus Plastik (Isolator) und kann daher den Strom nicht leiten. → Schalter]

Hilfe 1b): elektrischer Stromkreis, Schalter, offen/geschlossen, Stromkreis schließen

ⓘ Schalter

Zum Öffnen/Schließen eines elektrischen Stromkreises benutzt man sogenannte Schalter.

Aus dem Alltag kennst du sicherlich Schalter für verschiedene Geräte:

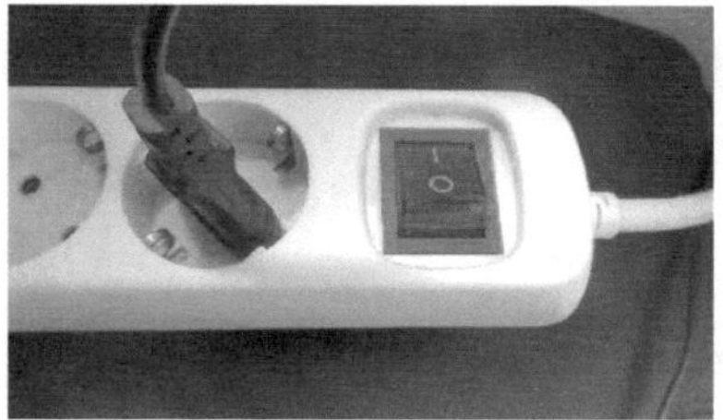

Schalter Steckdosenleiste

Schalter einer Tischlampe

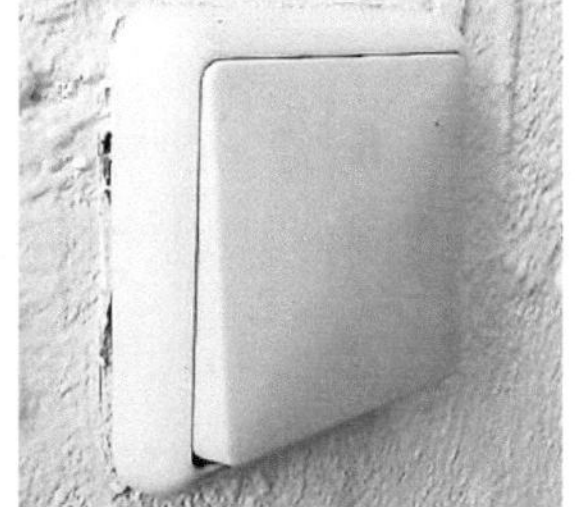

Lichtschalter

✎ Aufgabe 2) Schalter im Alltag

Nenne weitere Beispiele für Elektrogeräte, die einen Schalter besitzen.

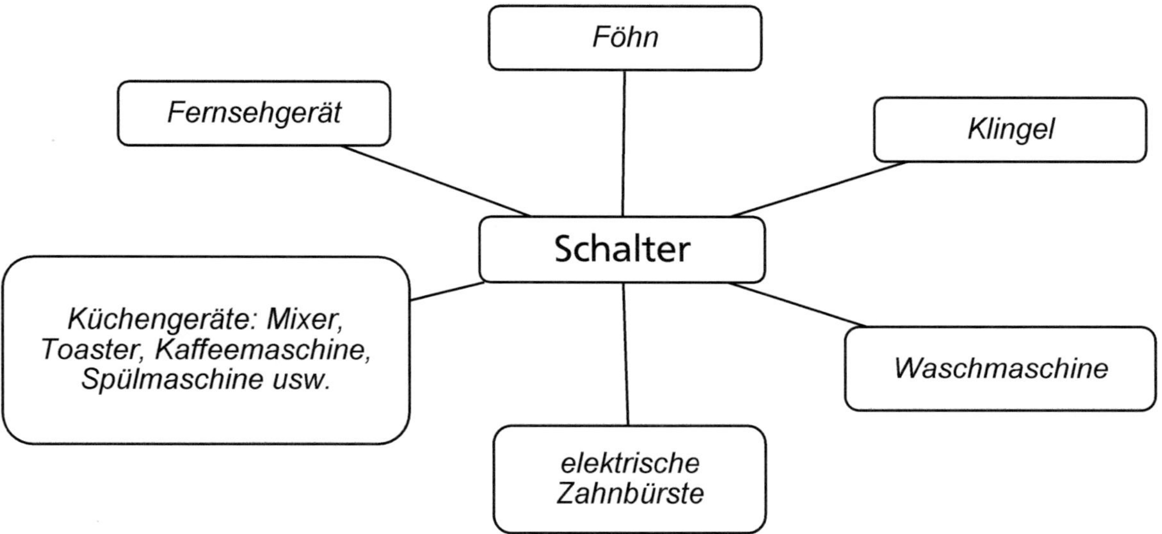

✎ Aufgabe 3) Schaltertypen

Vergleiche die zwei Schalter des Hotelföhns im Bild. Nenne Unterschiede, die dir auffallen.

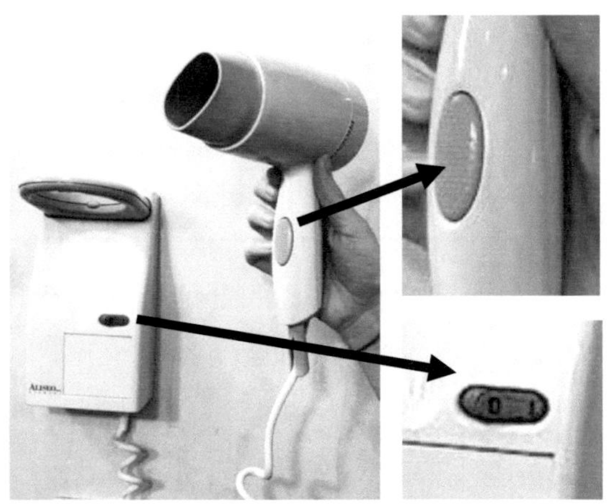

Den Schalter am Föhngriff muss man permanent gedrückt halten, damit der Föhn funktioniert.

Den Schalter an der Wandhalterung muss man umkippen oder umstellen. Er bleibt in seiner Position bis er erneut betätigt wird.

✎ Aufgabe 4) Stellschalter und Tastschalter

ⓘ Man unterscheidet zwischen **Stellschalter** und **Tastschalter**. Die beiden Schaltertypen unterscheiden sich in ihrem Aufbau und in ihrer Verwendung voneinander. Der Stellschalter öffnet und schließt einen elektrischen Stromkreis durch „Umkippen" einer leitenden Verbindung zwischen zwei Kontaktstellen. Der Tastschalter dagegen schließt einen elektrischen Stromkreis durch das dauerhafte Drücken des Schalters.

a) Ordne die zwei Schaltertypen den Bildern zu und gib jeweils an, in welcher Schalterstellung (offen/geschlossen) sich der Schalter befindet.

Schaltertyp	***Stellschalter***	***Tastschalter***
Schalter *offen*	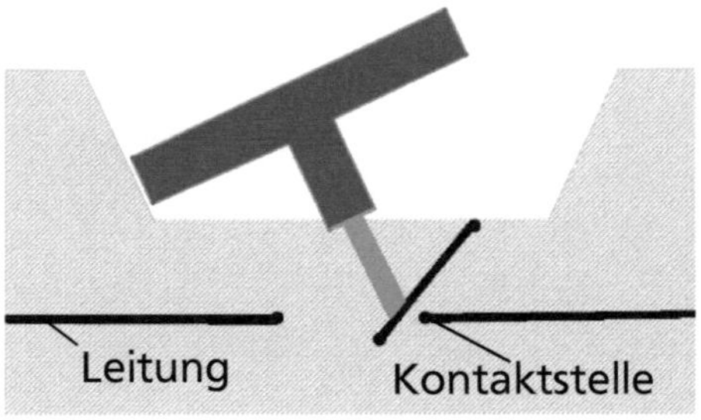 Leitung Kontaktstelle	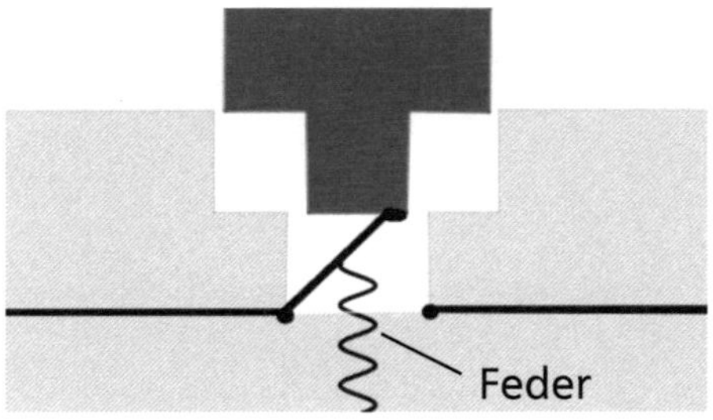 Feder
Schalter *geschlossen*	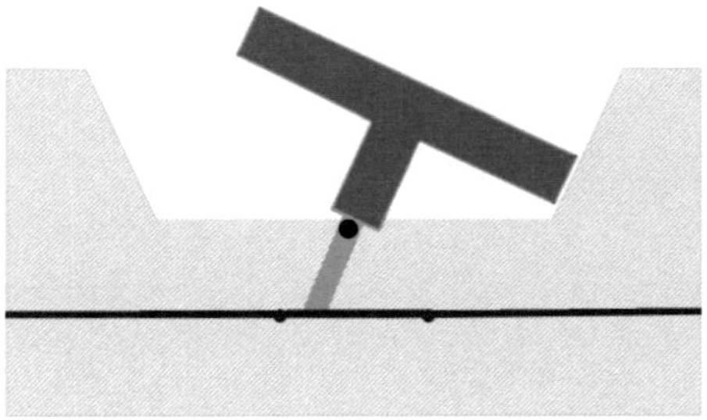	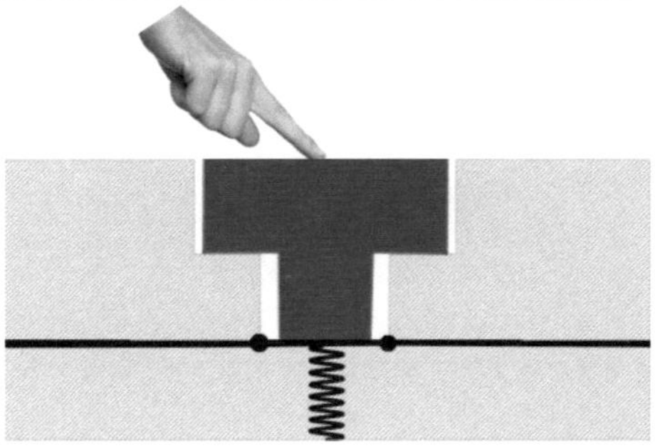
Schaltsymbol		
Wann ist der Stromkreis geschlossen?	**Ein Stromkreis ist geschlossen, wenn der Stellschalter *geschlossen/umgekippt* ist.**	**Ein Stromkreis ist nur geschlossen, solange der Tastschalter *gedrückt* wird.**

b) Benenne bei deinen Beispielen aus Aufgabe 2, um welchen Schaltertyp es sich handelt. Nenne ggf. weitere Beispiele für Tastschalter, die dir im Alltag begegnen.

- *Tastschalter: z.B. Mixer, Klingel*
- *Stellschalter: z.B. Fernseher, elektrische Zahnbürste*

Experiment: Verschiedene Schaltertypen in einen Stromkreis einbauen

Aufgabe 5) Schaltsymbole von Schaltern

Zeichne den Schaltplan eines einfachen Stromkreises, der dem eines Hotelföhns ähnelt. Verwende folgende Bauteile:

- Elektrische Quelle (Batterie)
- Leitungen
- Glühlampe
- Stellschalter
- Tastschalter

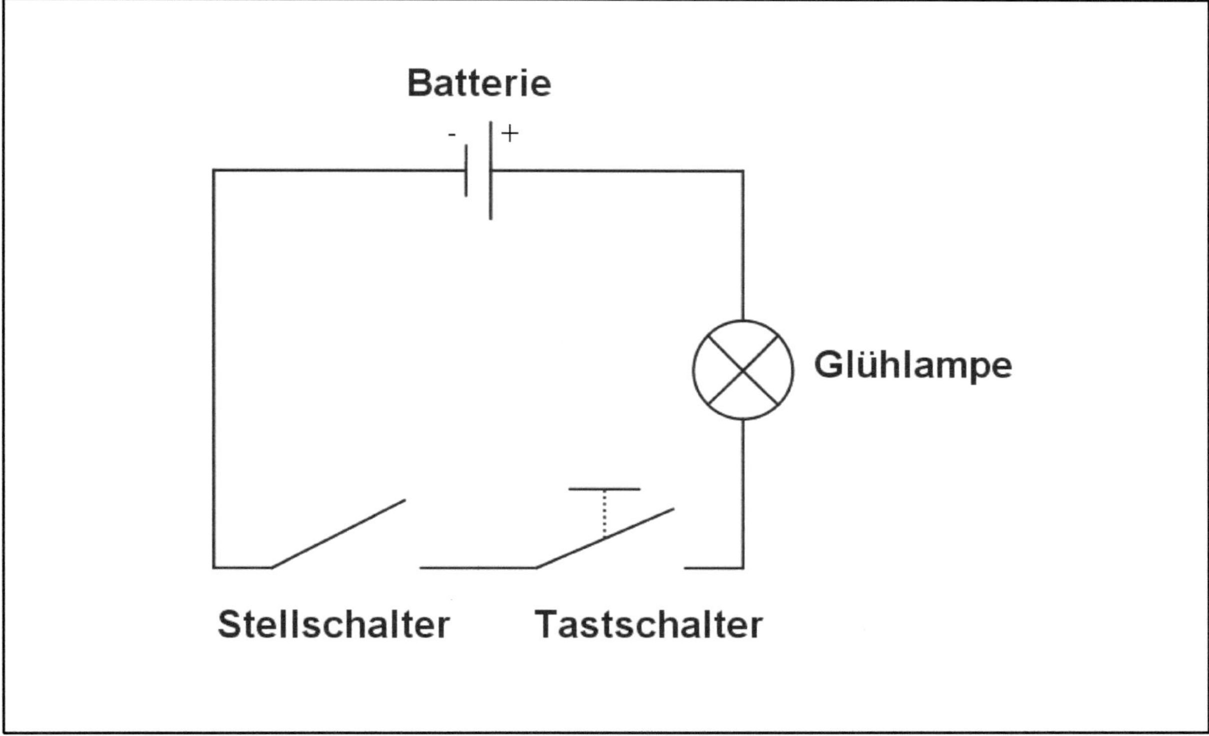

Hinweise für Lehrkräfte

Allgemeines zur Verwendung der Materialien	
Titel Kontext	Der Hotelföhn
Physikalischer Inhalt	UND-Schaltung
Unterrichtszeit[1]	30 Minuten

[1] ohne Zusatzaufgaben

Didaktischer Kommentar

- Föhn wird als ein elektrischer Widerstand eingeführt mit der Begründung, dass nicht für alle Elektrogeräte ein eigenes Schaltsymbol existiert.
- Die exakte Stromleitung innerhalb des Föhns wird nicht betrachtet. Der Fokus liegt auf den Schaltern im Stromkreis des Hotelföhns.

 Der Hotelföhn

Üblicherweise bieten Hotels den Gästen für einen besseren Komfort einen Föhn an. Der Föhn befindet sich in den meisten Fällen an einer Wandhalterung im Badezimmer. Auch Paula föhnt sich im Urlaub die Haare mit einem Hotelföhn. Dabei postet sie folgendes Bild auf Instagram:

Aufgabe 1) Hotelföhn

a) Begründe, warum Paula den Hotelföhn als lästig empfindet.

Paula findet den Hotelföhn lästig, weil sie den Tastschalter beim Föhnen permanent gedrückt halten muss.

Alternative Antwortmöglichkeiten: niedrige elektrische Leistung (→ „begrenzte Windkraft"), geringe Reichweite der Leitung

b) Benenne die Schaltertypen in der Skizze.

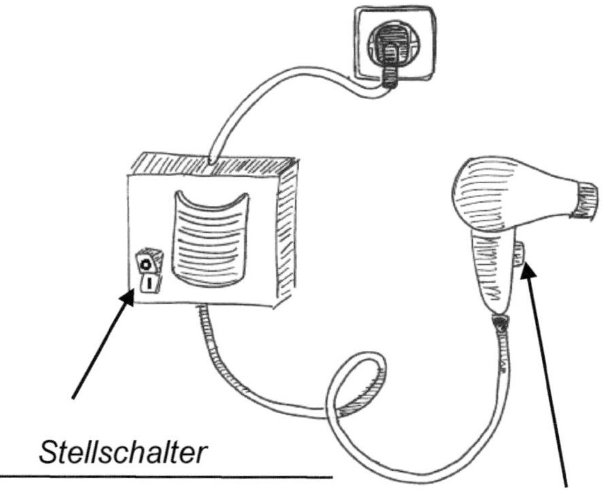

Stellschalter

Tastschalter

ⓘ Schaltsymbol des elektrischen Widerstands

Beim Föhn sind die Glühwendel und das Gebläse für seine Funktion wichtig. Jedoch hat nicht jedes elektrische Bauteil ein eigenes Schaltsymbol. Für den gesamten Föhn wird daher das Schaltsymbol eines **elektrischen Widerstands** genutzt (über diese Größe wirst du im Laufe des Unterrichts noch mehr erfahren). Auch andere dir bekannte Elektrogeräte sind elektrische Widerstände.

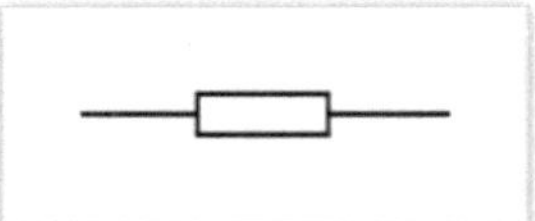

Schaltsymbol eines elektrischen Widerstands

Aufgabe 2) Schaltplan

a) Vervollständige den abgebildeten Schaltplan mit den richtigen Schaltsymbolen und beschrifte alle eingezeichneten Bauteile.

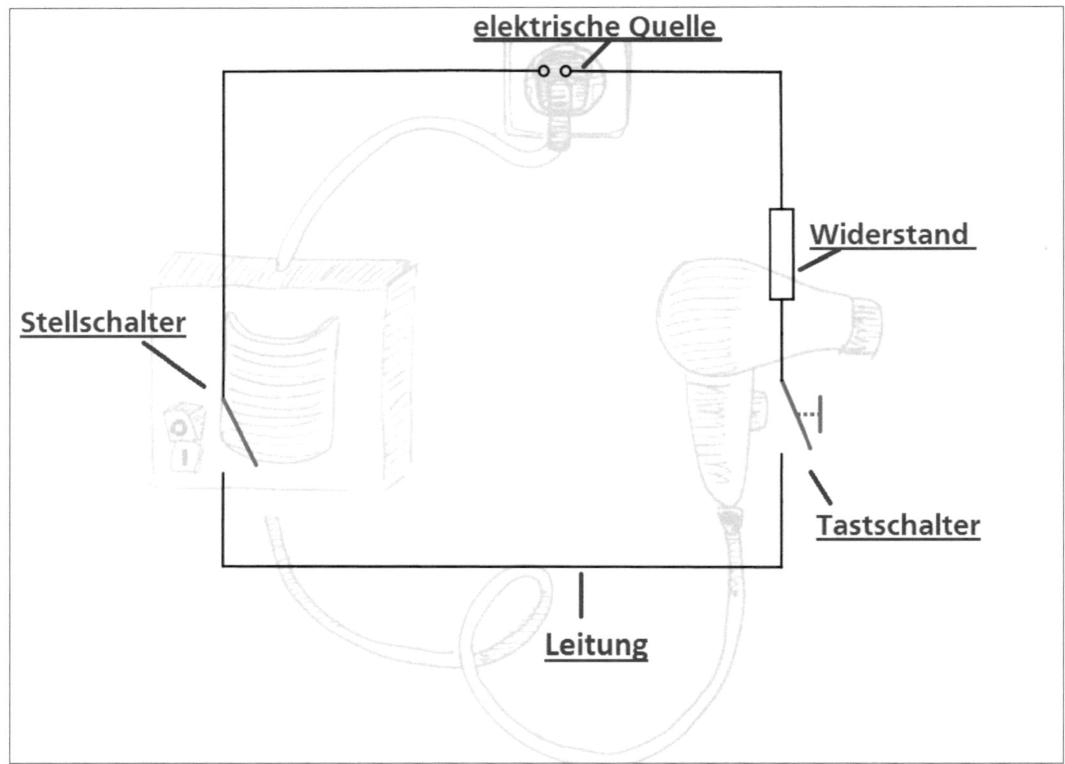

Experiment: Und-Schaltung

b) Gib an, in welchen Schalterstellungen der Föhn funktioniert, und ergänze die Tabelle.

Stellschalter	**Tastschalter**	**Föhn (an/aus)**
offen	geschlossen	*aus*
offen	*nicht geschlossen*	*aus*
geschlossen	*geschlossen*	*an*
geschlossen	*nicht geschlossen*	*aus*

Der Hotelföhn funktioniert, *wenn der Stellschalter geschlossen und der Tastschalter gedrückt ist. Es müssen also beide Schalter geschlossen sein.*

ⓘ Informationen zum Begriff der Und-Schaltung (von Lehrkraft einzuführen):

Die Schaltung des Hotelföhns nennt man eine ***Und-Schaltung****. Bei einer Und-Schaltung sind die zwei Schalter in Reihe verbaut. Der elektrische Stromkreis einer Und-Schaltung ist erst dann geschlossen, wenn Schalter 1 UND Schalter 2 geschlossen sind.*

Aufgabe 3) Sinn & Zweck der Und-Schaltung im Hotelzimmer

Diskutiere die Fragen in den Denkblasen:

Warum verwenden heute viele Hotels eine Karte zum Schließen des Stromkreises im Hotelzimmer?

Warum ist eine UND-Schaltung für den Föhn im Hotel hilfreich, zu Hause jedoch nicht notwendig?

- *Karte wird beim Verlassen des Zimmers mitgenommen → Stromkreis wird geöffnet*
- *Karte dient gleichzeitig als Zimmerschlüssel, ist bei Verlust jedoch günstiger zu ersetzen als ein Schlüssel*

→ Energie sparen
→ Kosten sparen

- ***Diebstahlsicherung****, da der Föhn fest mit der Wandhalterung verbunden ist*
- *Brandschutz (Ein Gast kann nicht vergessen, den Föhn auszuschalten.)*

Zusatzaufgaben

Aufgabe 4) Übungen zur Und-Schaltung

Gib für jeden Schaltplan an, ob die Lampe leuchtet. Begründe deine Antwort.

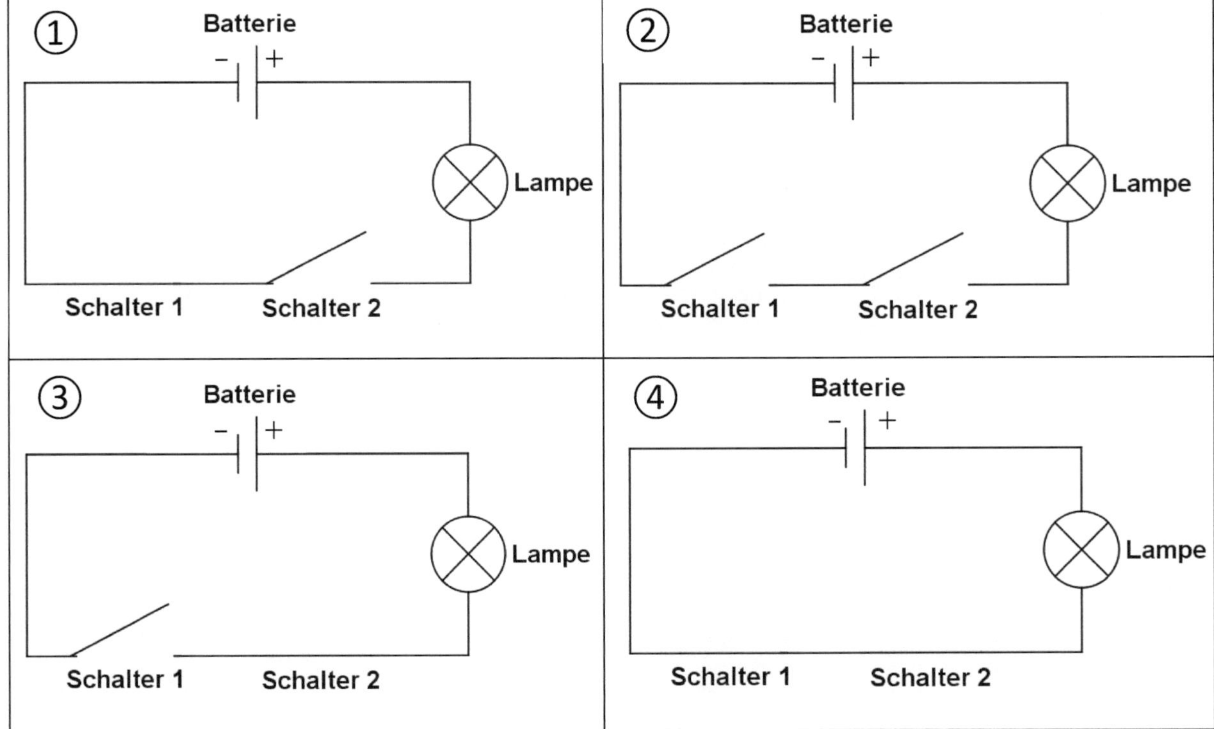

① *Die Lampe leuchtet nicht. Der Stromkreis ist nicht geschlossen, weil Schalter 2 offen ist.*

② *Die Lampe leuchtet nicht. Der Stromkreis ist nicht geschlossen, weil beide Schalter offen sind.*

③ *Die Lampe leuchtet nicht. Der Stromkreis ist nicht geschlossen, weil Schalter 1 offen ist.*

④ *Die Lampe leuchtet, weil der Stromkreis geschlossen ist. Beide Schalter sind geschlossen.*

Aufgabe 5) Waschmaschine und Spülmaschine

Wasch- und Spülmaschinen besitzen eine UND-Schaltung mit mehr als zwei Schaltern. Viele dieser Maschinen haben einen Schalter, an dem man das Programm auswählt UND einen START-Knopf (Einschalter). Ein dritter Schalter ist unauffälliger.

a) Gib an, wo sich dieser dritte Schalter befindet.

Der unauffällige Schalter befindet sich in der Tür der Wasch- oder Spülmaschine. [Nur, wenn die Tür geschlossen ist, ist auch dieser Schalter geschlossen. Die Maschine funktioniert somit erst dann, wenn die Tür geschlossen ist und der Einschalter betätigt wird sowie das Programm gewählt ist (Prinzip der Und-Schaltung)].

b) Erkläre mit Hilfe des Beispiels, warum die UND-Schaltung auch als **„Sicherheitsschaltung"** bezeichnet wird.

Die Und-Schaltung wird im Fall der Spül- oder Waschmaschine auch Sicherheitsschaltung genannt, weil sie garantiert, dass das Wasser erst dann fließt, wenn die Tür geschlossen ist. Sie dient damit als Absicherung gegen Wasserschäden.

[Sicherheit für den Menschen:

Andere Sicherheitsschaltungen, wie z.B. bei der Heckenschere, dienen dazu, dass beide Hände zum Schließen der Schalter benötigt werden und man sich daher während des Betriebs des Elektrogerätes nicht verletzen kann.]

Hinweise für Lehrkräfte

Allgemeines zur Verwendung der Materialien	
Titel Kontext	Das Chamäleon
Physikalischer Inhalt	ODER-Schaltung
Unterrichtszeit[1]	45 Minuten

[1] ohne Zusatzaufgaben

Didaktischer Kommentar

- Der Fokus des Materials liegt auf der **Modellbildung**:
  Die Änderung der Farbintensität des Chamäleons ist ein Modellbeispiel für die ODER-Schaltung. Ein Reiz wird durch einen Schalter repräsentiert, die Farbänderung durch das Leuchten der Lampe.
- Knoten als leitende Verbindung mehrerer Leiter müssen eingeführt werden.
- In Aufgabe 3d) wird genannt, dass die Schalter bei einer ODER-Schaltung parallel geschaltet sind. Eine kurze Erklärung ist hier sinnvoll. Die Parallelschaltung wird zu einem späteren Zeitpunkt (Kontext Stromunfall) vertiefend eingeführt.

Mögliche methodische Anregungen

- Video „Farbwechsel beim Jemen-Chamäleon“ durch einen Rivalen: https://www.youtube.com/watch?v=wFSEtzKpKyU
- Als Hausaufgabe Informationen über das Chamäleon (siehe Zusatzaufgaben: Aufgabe 5) zur Vor- oder Nachbereitung des Unterrichts einholen.

Das Chamäleon

Matze ist fasziniert von Chamäleons – ihrer Farbenpracht und ihrem außergewöhnlichen Verhalten. Doch die Haltung und Pflege dieser Tiere ist eine Wissenschaft für sich. Es benötigt sehr viel Vorbereitung und ein umfassendes Hintergrundwissen. Matze informiert sich daher im Internet *www.chamaeleon-ratgeber.de*, über die Fernsehsendung *Chamäleon, Salamander & Co.* und beim reptilienkundigen Tierarzt.

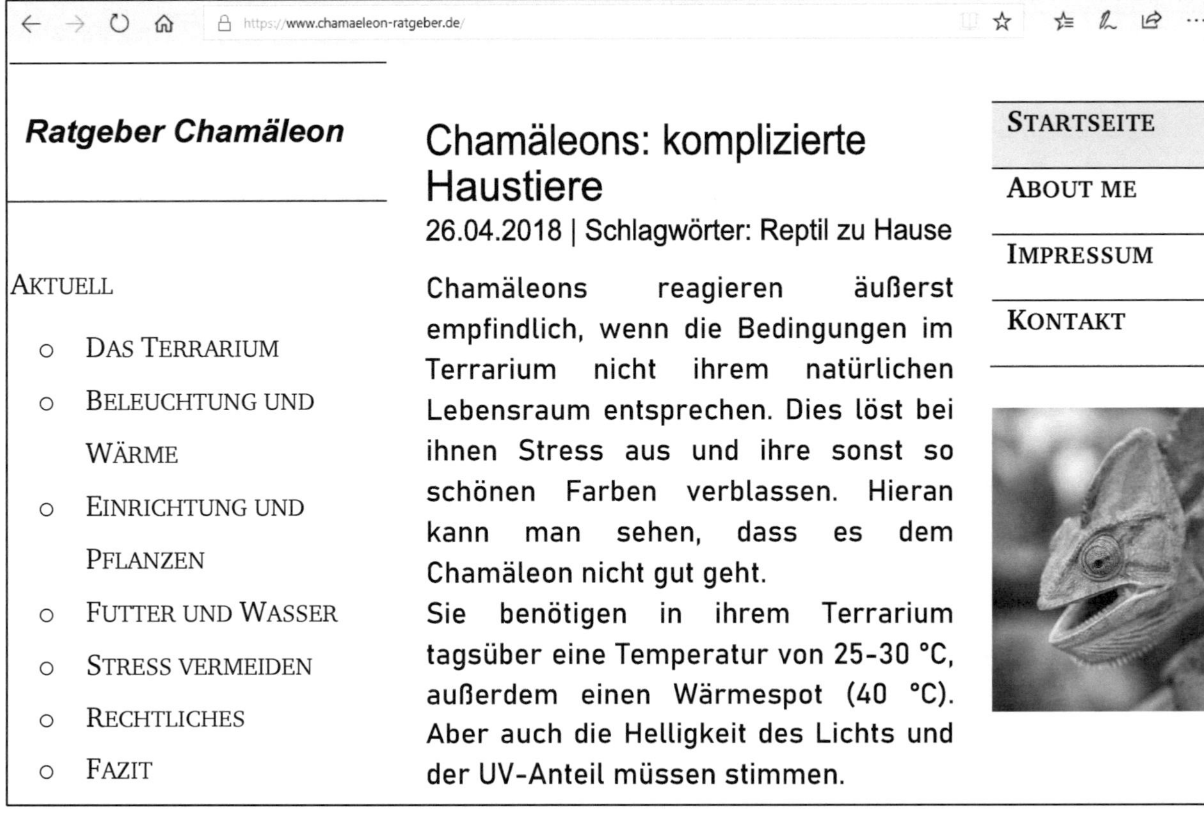

https://www.chamaeleon-ratgeber.de/

Ratgeber Chamäleon

AKTUELL

- DAS TERRARIUM
- BELEUCHTUNG UND WÄRME
- EINRICHTUNG UND PFLANZEN
- FUTTER UND WASSER
- STRESS VERMEIDEN
- RECHTLICHES
- FAZIT

Chamäleons: komplizierte Haustiere

26.04.2018 | Schlagwörter: Reptil zu Hause

Chamäleons reagieren äußerst empfindlich, wenn die Bedingungen im Terrarium nicht ihrem natürlichen Lebensraum entsprechen. Dies löst bei ihnen Stress aus und ihre sonst so schönen Farben verblassen. Hieran kann man sehen, dass es dem Chamäleon nicht gut geht.
Sie benötigen in ihrem Terrarium tagsüber eine Temperatur von 25-30 °C, außerdem einen Wärmespot (40 °C). Aber auch die Helligkeit des Lichts und der UV-Anteil müssen stimmen.

STARTSEITE

ABOUT ME

IMPRESSUM

KONTAKT

Folge 23: Chamäleon *Coco* lässt Farben sprechen

Wenn Chamäleon Coco einen Artgenossen wahrnimmt, „sieht er rot". Sein Revier teilt er nicht!

Chamäleons sind absolute Einzelgänger. Treffen sich zwei männliche Rivalen, kommt es zum Drohduell. Um dem Rivalen den Ernst der Lage zu verdeutlichen, lassen sie in der ersten Stufe die Streifen an ihrer Seite kontrastreicher erscheinen. Die Botschaft: „Je stärker der Kontrast, desto unerbittlicher bin ich im Kampf!."

Das Gute an dem Drohduell ist: Oft kommt es gar nicht zum Kampf.

Der Blickkontakt zu anderen Tieren führt somit zu Stress und sollte im Terrarium tunlichst vermieden werden.

Aufgabe 1) Ursachen für Farbveränderung

Benenne anhand des Ratgeberausschnitts und der Werbung für die Fernsehsendung die Ursachen, weswegen das Chamäleon die Intensität seiner Farbe verändert.

- *Die Farbintensität ändert sich, wenn die Umgebung nicht ihrem Lebensraum entspricht.*
- *Die Farbintensität ändert sich, wenn ein Rivale sichtbar ist.*

Aufgabe 2) Mögliche Fälle der Farbveränderung

a) Analysiere, in welchen Fällen das Chamäleon seine Farbintensität verändert und in welchen es unverändert bleibt. Nutze hierzu die Tabelle.

Stress wird ausgelöst durch		**Intensität der Farbe verändert sich (ja/nein)**
die Umgebung (ja/nein)	einen Rivalen (ja/nein)	
ja	*nein*	*ja*
ja	*ja*	*ja*
nein	*nein*	*nein*
nein	*ja*	*ja*

b) Formuliere anhand der Tabelle eine allgemeine Aussage, wann sich die Farbintensität des Chamäleons ändert. Nutze bei der Formulierung das Wort ***oder***.
Die Farbintensität des Chamäleons ändert sich, wenn bei ihm Stress durch einen Rivalen oder die Umgebung oder beides gleichzeitig ausgelöst wird.

Aufgabe 3) Modell der Farbveränderung

Der reptilienkundige Tierarzt erklärt Matze:
„In meiner Praxis wurde ein Modell gebaut, das die vier logischen Fälle aus Tabelle 2a) verdeutlicht. Im Modell leuchtet eine Lampe auf, wenn es dem Chamäleon schlecht geht. Schalter stellen die Nervenreize dar, die beim Chamäleon durch die Umgebung unbewusst ausgelöst werden. Die Lampe geht an und aus, das heißt, die Farbintensität ändert sich."

a) Gib an, wofür die elektrischen Bauteile des Modells stehen:

Elektrisches Bauteil	**Reale Situation**
Elektrische Quelle	*Zentrales Nervensystem*
Leitungen	*Nervenbahn*

Lampe	*Farbintensität des Chamäleons (Farbe vorhanden oder nicht)*
Schalter 1	*Reiz durch die Umgebung*
Schalter 2	*Reiz durch einen Rivalen*

b) Skizziere einen Schaltplan für ein Experiment mit Batterie, zwei Schaltern und einer Lampe. Dieses soll verdeutlichen, dass das Chamäleon aufgrund von zwei verschiedenen Reizen seine Farbintensität verändern kann.

Experiment: ODER-Schaltung aufbauen (1 Batterie, 1 Glühlampe, 2 Stellschalter)

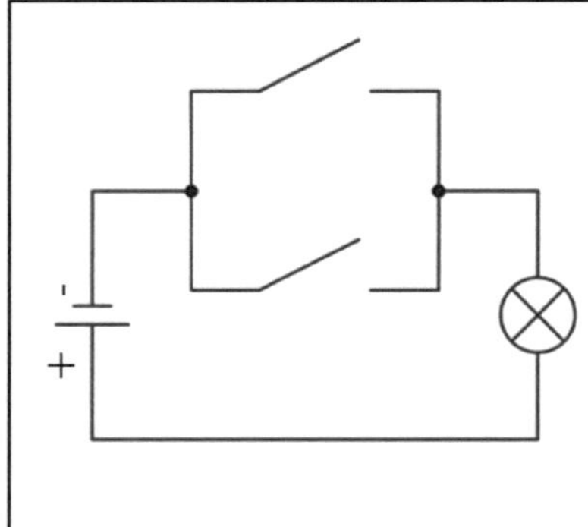

Hinweise für Lehrkräfte:

- *Knoten werden im Schaltplan zum ersten Mal verwendet und sollten in die Schaltsymbol-Tabelle der Lernenden übernommen werden.*
- *Die Parallelschaltung wird hier sichtbar und in Aufgabe 3d) erwähnt, daher evtl. kurz ansprechen (z.B., dass jeder Schalter Kontakt zu beiden Polen der elektrischen Quelle hat, Vergleich zur UND-Schaltung).*

c) Übertrage die Tabelle aus 2a) auf das Experimentier-Modell.

Schalter		**Lampe**
1	2	leuchtet/leuchtet nicht
geschlossen	offen	*leuchtet*
geschlossen	*geschlossen*	*leuchtet*
offen	*offen*	*leuchtet nicht*
offen	*geschlossen*	*leuchtet*

d) Diese Schaltung nennt man auch ODER-Schaltung.
Vervollständige den Merksatz und nutze hierbei das Wort ODER:

Bei der **ODER-Schaltung** sind *zwei* Schalter parallel geschaltet.

Der Stromkreis ist geschlossen, wenn *Schalter 1 ODER Schalter 2 geschlossen ist (ODER beide Schalter)*.

✐ Zusatzaufgaben

✐ Aufgabe 4) Beispiele zu ODER-Schaltungen

Erkläre bei den folgenden Alltagsbeispielen, warum es sich um ODER-Schaltungen handelt:

a) Klingelschaltung bei Mehrfamilienhäusern (Klingel an der Haus- und der Wohnungstür)
Wird an der Haus- ODER der Wohnungstür geklingelt, ertönt der Signalgeber.

b) Notbremsen in Zügen
Es muss mindestens eine der Notbremsen (Notbremse 1 oder 2 oder …) betätigt werden, damit der Zug hält.

c) Brandmeldeanlage (Gebäude, in dem sich mehrere Brandmelder befinden)
Löst mindestens einer der Brandmelder (Brandmelder 1 oder Brandmelder 2 oder …) aus, wird ein Signal an die Feuerwehr gegeben.

✐ Aufgabe 5) Informationen zum Chamäleon

Informiere dich genauer über das Chamäleon, zum Beispiel über folgende Aspekte:

Hast du gewusst, dass …

… viele Leute denken, dass die Farbanpassung des Chamäleons zur Tarnung dient? Die meisten Chamäleons drücken mit den Farben jedoch ihren Gemütszustand aus.

… man für die Haltung eines Chamäleons einen Herkunftsnachweis benötigt und die Haltung bei der Naturschutzbehörde angemeldet werden muss?

… es seine Augen unabhängig voneinander bewegen kann (Sichtfeld von 342°) und es die Zunge mit großem Tempo herausschleudert, um damit Insekten zurück in den Mund zu befördern?

Hinweise für Lehrkräfte

Allgemeines zur Verwendung der Materialien	
Titel Kontext	Die Krabbenspinne
Physikalischer Inhalt	Wechselschalter
Unterrichtszeit[1]	45 Minuten

[1] ohne Zusatzaufgaben

Didaktischer Kommentar

Der Fokus des Materials liegt auf der **Modellbildung**:
Die Änderung der Farbe der Krabbenspinne ist ein Modellbeispiel für den Wechselschalter. Die Reizauslösung wird durch den Wechselschalter repräsentiert, die Farbänderung durch das Leuchten der entsprechenden Lampe.

Mögliche methodische Anregungen

- Die Bilder der Krabbenspinne den Lernenden farbig über Folie, Smartboard oder Beamer zeigen, da so der Farbwechsel deutlicher wird als auf der schwarz-weiß-Kopie der Lernenden.
- Der Aufbau einer Schaltung mit Wechselschalter ist für die Lernenden häufig schwierig aufgrund der Möglichkeit, drei Leitungen am Schalter anzuschließen. Um das Experiment zunächst zu vereinfachen, kann ein Wechselschalter und eine Glühlampe in einen Stromkreis eingebaut werden. Dies kann dann um eine zweite Lampe erweitert werden.
- Beim Aufbau des Experiments unterschiedliche Farben der Lampen benutzen. Hierdurch wird der Farbwechsel der Spinne explizit verdeutlicht.

Die Krabbenspinne

Krabbenspinne auf gelber *Sumpfdotterblume*

Krabbenspinne auf weißer *Echter Zaunwinde*

Die *Veränderliche Krabbenspinne* (Misumena vatia) zählt zu den sesshaften Spinnenarten und liebt es, sich entweder auf den gelben *Sumpfdotterblumen* oder der weißen *Echten Zaunwinde* aufzuhalten.

Auf der Blume lauert sie geduldig auf ihre Beute (Lauerjäger), hauptsächlich Honigbienen. Hierbei geht die Krabbenspinne besonders geschickt vor: Zunächst tarnt sie sich je nach Blüte, wartet dann, bis die Biene die Blume angeflogen und ihren Rüssel in die Blüte gesteckt hat. Dann packt sie die Biene blitzschnell mit ihren kräftigen Vorderbeinen im Nacken und setzt einen lähmenden Giftbiss.

✎ Aufgabe 1) Geschickter Lauerjäger

Eine Biene würde niemals eine Blume anfliegen, auf der sie eine Krabbenspinne sieht. Dennoch ist die Krabbenspinne mit ihrer Lauertaktik sehr erfolgreich.

a) Gib mögliche Gründe an, weswegen die Krabbenspinne auf der Blume nicht auffällt.

- *Anpassung ihrer Farbe an die Farbe der Blüte (Tarnung)*
- *Imitation der Blütenform*
- ...

b) Formuliere unter Zuhilfenahme der folgenden Begriffe eine logische Aussage, die auf das Verhalten der Krabbenspinne zutrifft, wenn sie lauert.

entweder ... oder, weiß, gelb, weiße Blume, gelbe Blume, Krabbenspinne

Die Krabbenspinne ist entweder gelb, wenn sie auf der gelben Blume sitzt oder weiß, wenn sie sich auf der weißen Blume befindet.

Aufgabe 2) Modell des Lauerns

Die Krabbenspinne kann aktiv ihre Farbe von weiß zu gelb oder umgekehrt verändern. Sie sieht, welche Farbe die Blume hat und passt sich an: Befindet sie sich auf einer gelben Blume, sammelt sie gelben Farbstoff in ihren Zellen an. Ist sie hingegen auf einer weißen Blume, leitet sie den Farbstoff ins Körperinnere und erscheint nach außen weiß. Sie ist getarnt. Die Veränderung der Farbe dauert zwar einige Stunden, aber es lohnt sich.

Es gibt zwei Möglichkeiten, wie man sich die Farbänderung der Krabbenspinne vorstellen kann.

Möglichkeit 1:

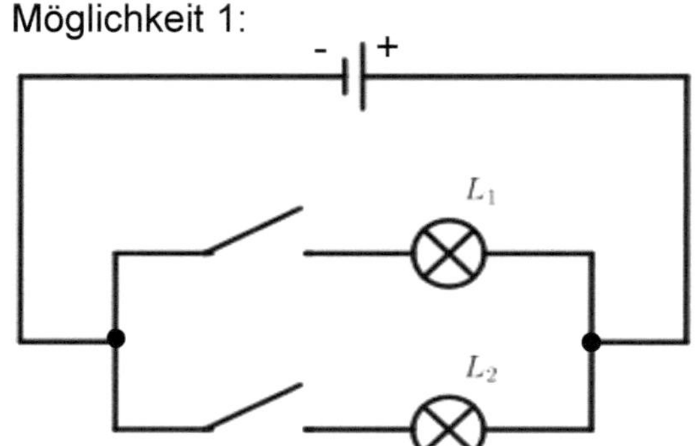

Möglichkeit 2:

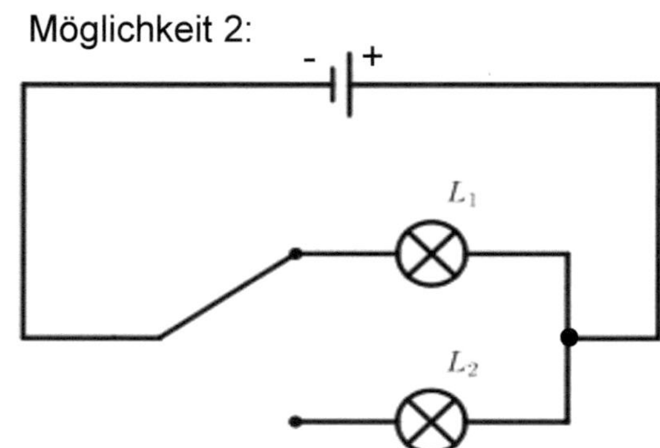

a) Gib an, wie die Schaltung bei Möglichkeit 1 heißt: *ODER-Schaltung*

b) Gib an, wofür die Bezeichnungen L_1 und L_2 bei der Krabbenspinne stehen.
L_1 und L_2 stehen für die beiden Farben der Spinne, z.B. L_1 gelb und L_2 weiß.

c) Vergleiche Möglichkeit 1 und 2 miteinander. Beschreibe Gemeinsamkeiten und Unterschiede.
Gemeinsamkeiten: Lampen parallel; es kann entweder L_1 oder L_2 leuchten
Unterschiede: In 1 können beide Lampen auch gleichzeitig ein- oder ausgeschaltet sein. In Schaltplan 2 ist immer eine der Lampen ein- und die andere ausgeschaltet.

d) Möglichkeit 2 ist die geschicktere Lösung, um den Farbwechsel der Krabbenspinne darzustellen. Begründe, warum.
Die Krabbenspinne hat immer genau eine Farbe, sie ist entweder weiß oder gelb. Möglichkeit 2 ist daher geschickter, da immer nur eine Lampe im Modell leuchten kann. Bei Möglichkeit 1 können hingegen auch beide Lampen gleichzeitig leuchten.

ⓘ Wechselschalter/Umschalter

Der Schaltertyp aus Möglichkeit 2 heißt **Wechselschalter** oder **Umschalter**.
Hiermit ist es möglich, zwischen <u>zwei Stromkreisen</u> zu wechseln oder umzuschalten.
Das Schaltsymbol ist:

Zur Erinnerung: Du kennst bereits den Stellschalter und den Tastschalter.

Experiment:

1) Wechselschaltung mit einer und zwei Glühlampen aufbauen
2) Zusatzaufgaben experimentell umsetzen

Zusatzaufgaben

Aufgabe 3) Der Wechselschalter im Alltag

Wechselschalter werden im Alltag benutzt. Zeichne die Schaltung zu einem der folgenden Beispiele:

a) Fußgängerampel oder
b) OPEN-CLOSED-Schild, das in Amerika sehr gebräuchlich ist.

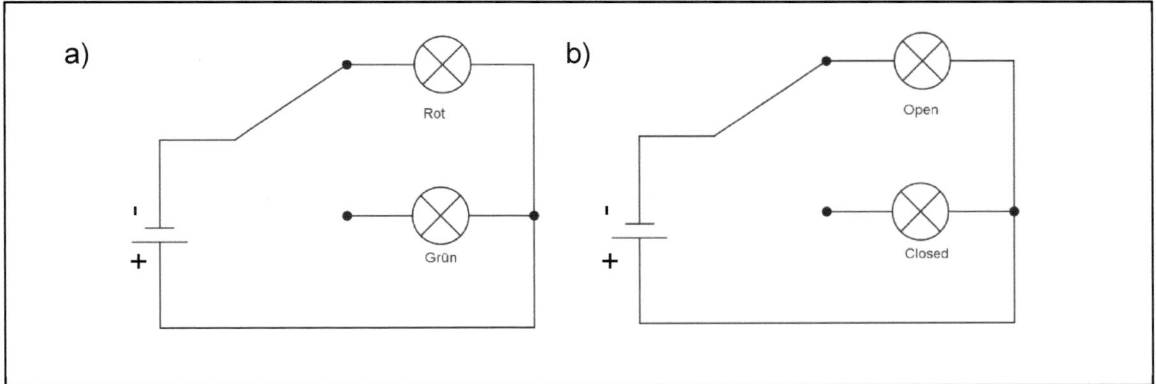

Aufgabe 4) Die Flurbeleuchtung

Im langen Flur der Schule soll die Deckenlampe von zwei verschiedenen Stellen ein- und ausgeschaltet werden können.

Von beiden Stellen muss die Lampe jeweils an- und ausgeschaltet werden können, unabhängig davon wie der andere Schalter steht.

Entwirf hierzu einen Schaltplan, indem du die angefangene Skizze vervollständigst:

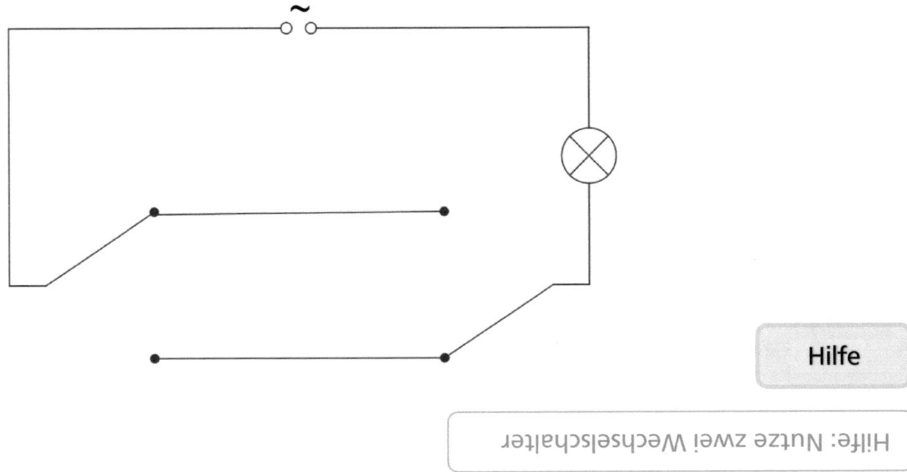

Hilfe

Hilfe: Nutze zwei Wechselschalter

Hinweise für Lehrkräfte

Allgemeines zur Verwendung der Materialien	
Titel Kontext	Mülltrennung
Physikalischer Inhalt	Wirkungen des elektrischen Stroms: Licht-, Wärme- und magnetische Wirkung
Unterrichtszeit[1]	45 Minuten

[1] ohne Zusatzaufgaben

Didaktischer Kommentar

- Bei der magnetischen Wirkung elektrischen Stroms wird die magnetische Kraft auf einen ferromagnetischen Stoff wie Eisen, Nickel oder Kobalt betrachtet. Die magnetische Kraft resultiert aus dem stromdurchflossenen Leiter, der ein Magnetfeld erzeugt. Homogene und inhomogene Magnetfelder werden hier nicht betrachtet.

  Ebenfalls nicht betrachtet werden Wirbelstromabscheider für Dosen aus Aluminium, welches kein ferromagnetischer Stoff ist. Aus diesem Grund wird in Aufgabe 5) davon gesprochen, dass Aluminium nicht mit dem gleichen Verfahren wie aus Aufgabe 3) trennbar sei.
- Beispiele für Wärme- und Lichtwirkung des Stroms sind beliebig erweiterbar. Bei der magnetischen Wirkung sind Beispiele aus dem Alltag schwer zu finden bzw. sind den Schülerinnen und Schülern evtl. nicht bekannt (Relais, Reed-Schalter).
- Die chemische Wirkung elektrischen Stroms wird in den Zusatzaufgaben angesprochen (Aufgaben 11 und 12)
  - Begriffe wie Laugen und Säuren sind evtl. aus dem Chemieunterricht bekannt / noch nicht bekannt.
- Nicht thematisiert werden im Material zur chemischen Wirkung
  - Begriffe wie Anode und Kathode, Anionen und Kationen
  - der Einfluss des Materials der Elektroden
  - die Eintauchtiefe und der Abstand der Elektroden im Elektrolyt

Mögliche methodische Anregungen

Lernende können sich die App „Mülltrennung – was kommt wo rein?“ kostenlos auf das Smartphone herunterladen.

Müll – Ein großes Problem für unsere Umwelt

Abb. 1: Müllberg
In Deutschland produziert **jeder** im Jahr circa 620 kg Müll. Dies liegt weit über dem EU-Durchschnitt.

Abb. 2: Plastikmüll im und am Meer
Eine „Müll-Insel“, die viermal so groß ist wie Deutschland, schwimmt mittlerweile zwischen Hawaii und Kalifornien.

 Um unsere Umwelt zu schützen, sollte Müll daher

- reduziert
- richtig getrennt und
- recycelt werden (engl. to recycle: wieder in den Kreislauf zurückführen).

Aufgabe 1) Trennst du Müll richtig?

Sortiere folgenden Müll der richtigen Abfalltonne zu. Verbinde hierzu den Müll mit der entsprechenden Tonne (Lineal):

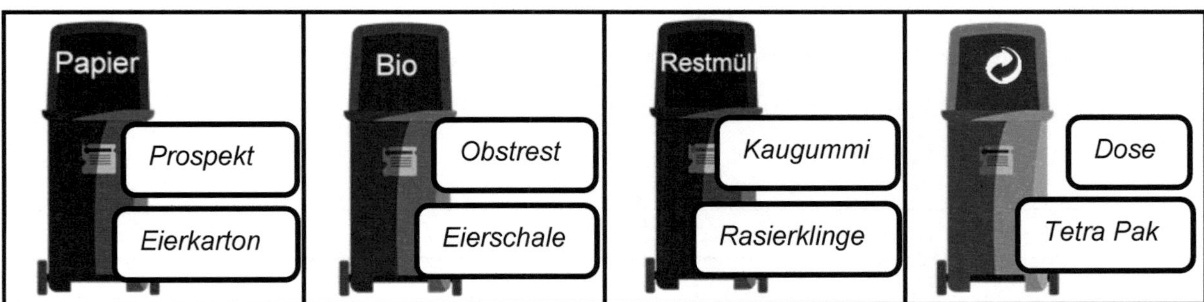

Was soll wohin? – Die App hilft!

Mülltrennung – was kommt wo rein?
Marvin Mieth
Gratis

„Die Entwickler dieser App haben sich zur Aufgabe gemacht, dich bei der Mülltrennung zu unterstützen und dir zu zeigen, welcher Müll in welchem Behältnis entsorgt wird.“

(https://itunes.apple.com/de/app/mülltrennung-was-kommt-wo-rein/id1156765396?mt=8)

✎ Aufgabe 2) Das Smartphone

Apps auf dem Smartphone helfen uns, den Müll richtig zu trennen oder die Mülltonne für die Müllabfuhr rechtzeitig herauszustellen.
Dein Smartphone funktioniert jedoch nur mit einem Akku. Er ermöglicht einen Stromfluss. Dass Strom in deinem Handy fließt, kannst du an zwei Wirkungen bemerken.

Benenne, an welchen **Wirkungen des elektrischen Stroms** du feststellen kannst, dass du dein Handy gerade nutzt.

Tipp: Eine Wirkung ist vor allem dann zu spüren, wenn du das Handy lange benutzt.

Das Display leuchtet. → Lichtwirkung des elektrischen Stroms

Bei langer Benutzung wird das Handy warm. → Wärmewirkung des elektrischen Stroms

✎ Aufgabe 3) Recycling

Vieles von unserem Müll kann recycelt werden! Für Recycling besonders wertvoll sind die Metalle, aus denen Getränke- und Konservendosen gemacht werden. Die Dosen bestehen aus Weißblech (dünner Stahl/Eisen).

a) Beschreibe anhand des Bildes, wie Weißblech-Dosen und anderer eisenhaltiger Müll heraussortiert werden können.
Mit Hilfe von (Elektro)Magneten können Gegenstände aus Eisen vom restlichen Müll getrennt werden, da der Magnet (ferro)magnetische Gegenstände (Eisen, Kobalt und Nickel) anzieht.

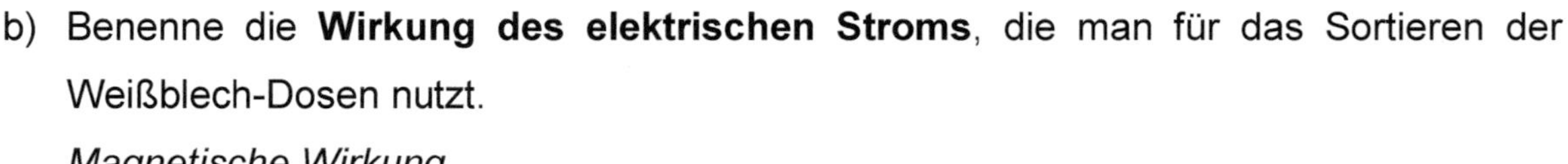

b) Benenne die **Wirkung des elektrischen Stroms**, die man für das Sortieren der Weißblech-Dosen nutzt.
Magnetische Wirkung

✎ Aufgabe 4) Wirkungen des elektrischen Stroms im Alltag

Fasse die Wirkungen elektrischen Stroms zusammen, indem du diese als Überschriften in die Tabelle einfügst. Notiere Elektrogeräte (aus dem Alltag), die diese Wirkung nutzen.

Wirkung des Stroms		
① *Wärmewirkung*	② *Lichtwirkung*	③ *magnetische Wirkung*
• *Wasserkocher* • *Toaster* • *Herd: Ceranfeld* • *Elektrogrill* • …	• *Smartphone* • *Glühlampe* • *LED* • *Fernseher* • …	• *Elektromagnet* • *[Relais]* • *[Reed-Schalter]* • …

✎ Aufgabe 5) Andere Metalle im Hausmüll aufspüren

Pfandfreie Dosen, die aus Aluminium bestehen, sind mit dem grünen Punkt versehen. Diese Dosen lassen sich jedoch nicht mit dem Verfahren aus Aufgabe 3) vom restlichen Müll trennen. Nur mit drei Metallen ist dies möglich (Eisen, Nickel und Kobalt).

Zeichne einen Schaltplan von einem Verfahren, bei dem du mit Hilfe elektrischen Stroms feststellen kannst, ob ein Gegenstand Metall enthält. Beschreibe dieses Verfahren kurz.

Experiment: Leitfähigkeit verschiedener Materialien untersuchen

Untersuche einen „Müllberg" (Ansammlung verschiedener Gegenstände aus verschiedenen Materialien) auf Metalle.

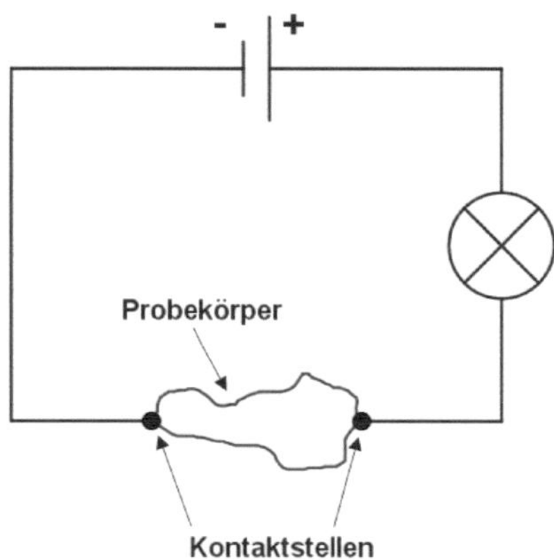

Die elektrische Leitfähigkeit ist abhängig vom Material. Metalle leiten elektrischen Strom gut und haben daher eine hohe Leitfähigkeit.

In einem offenen Stromkreis aus einer Batterie (elektrische Quelle), Leitungen und einer Glühlampe wird ein Probekörper an die offenen Kontaktstellen eingebaut.

Bei metallischen Gegenständen ist der Stromkreis geschlossen und die Glühlampe leuchtet.

Bei nichtleitenden Gegenständen bleibt der Stromkreis offen und die Lampe leuchtet nicht.

✏ Zusatzaufgaben

✏ Aufgabe 6) Glätteisen und Elektrogrill?!

Auf den ersten Blick sind ein Glätteisen und ein Elektrogrill sehr unterschiedlich. Dennoch haben sie eine Gemeinsamkeit. Benenne diese.

Sowohl das Glätteisen als auch der Elektrogrill werden warm, wenn Strom durch sie fließt. Hier wird die Wärmewirkung des Stroms genutzt.

✏ Aufgabe 7) Die Glühlampe

Lampen sind in den letzten Jahren weiterentwickelt worden. Glühlampen kann man kaum noch kaufen. Stattdessen gibt es Energiesparlampen oder LED-Lampen. Erkläre, warum diese einen Vorteil in ihrer Wirkung gegenüber Glühlampen haben.

Glühlampen haben eine Lichtwirkung, werden jedoch auch warm (Wärmewirkung). Dies ist ein unerwünschter Nebeneffekt. LED-Lampen werden hingegen kaum warm [besserer Wirkungsgrad; benötigen eine kleinere Stromstärke für die gleiche Lichtwirkung]. Dies spart Energie.

✏ Aufgabe 8) Knobelaufgabe

Vor der Kellertreppe sind drei Schalter angebracht. Jedoch ist nur ein Schalter mit der Glühlampe im Keller verbunden. Erkläre, wie man mit nur einem Gang in den Keller herausfinden kann, welcher Schalter der richtige ist.

Schalter 1 und 2 einschalten - 10 min warten - Schalter 2 ausschalten - in den Keller gehen

- *Lampe aus und kalt → Schalter 3*
- *Lampe aus und warm → Schalter 2*
- *Lampe eingeschaltet → Schalter 1*

✏ Aufgabe 9) Elektromagnete

Elektromagnete sind für das Trennverfahren von Müll sehr praktisch. Erkläre, warum man hierfür einen Elektromagneten nutzt und keinen Permanentmagneten.

- *Der Elektromagnet bietet den Vorteil, dass man die magnetische Wirkung an- und ausschalten kann, sodass getrennte Rohstoffe auch wieder von ihm gelöst werden können.*
- *[Die Stärke der magnetischen Wirkung kann mit der Stromstärke variiert werden.]*

Aufgabe 10) Die elektrische Klingel

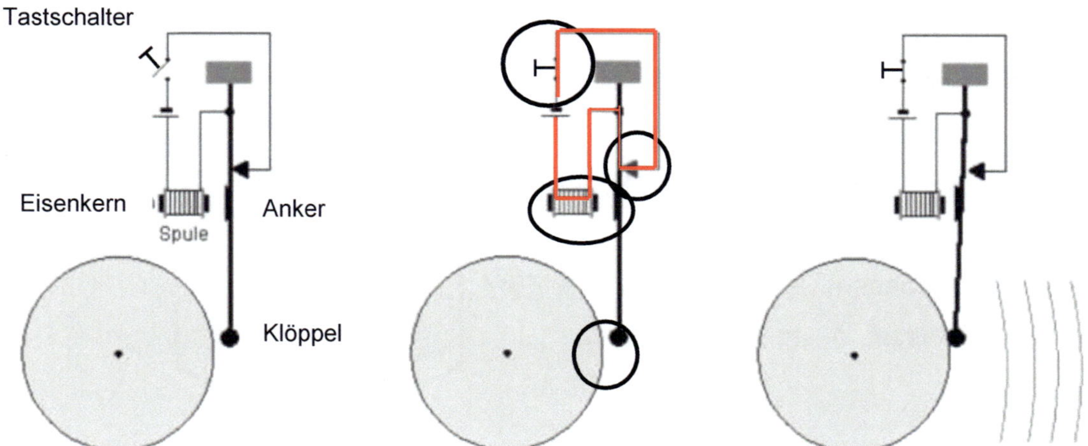

Klingel nicht gedrückt **Klingel wird gerade gedrückt** **Klingel gedrückt**

Erkläre, wie eine elektrische Klingel funktioniert. Der Anker ist dabei die Kontaktstelle des Unterbrecherkontakts.

Betrachte zur Erklärung die drei Abbildungen der elektrischen Klingel und gehe schrittweise vor:

a) Zeichne den Stromkreis ein, wenn der Tastschalter gedrückt ist. *siehe Abbildung*

b) Benenne, welche Wirkung des elektrischen Stroms genutzt wird.
Magnetische Wirkung: Die Spule ist ein Elektromagnet, wenn Strom durch sie fließt. Aufgrund der magnetischen Wirkung zieht sie den Klöppel aus Eisen an.

c) Beschreibe die Unterschiede in den Abbildungen, indem du auf die eingekreisten Stellen bei allen drei Abbildungen eingehst.
Der Tastschalter schließt den Stromkreis. Durch die magnetische Wirkung des Stroms wird der Klöppel von der Spule angezogen und damit stößt er gegen die Schelle. Es klingelt. Durch die Bewegung des Klöppels wird gleichzeitig der Stromkreis am Anker wieder unterbrochen, die magnetische Wirkung ist nicht mehr vorhanden und der Klöppel schwingt zurück, da er nicht mehr angezogen wird. Berührt der Klöppel den Anker, ist der Stromkreis erneut geschlossen. Solange der Tastschalter gedrückt ist, wiederholt sich dieser Vorgang sehr schnell.

✎ Aufgabe 11) Veredelung von Schmuck/Besteck

Elektrischer Strom wird auch genutzt, um günstigen Schmuck oder Besteck zu veredeln.

Zum Vergolden wird das Messer an den Minuspol der elektrischen Quelle angeschlossen und eine Grafitelektrode an den Pluspol. Die Lösung mit dem Gold**elektrolyt** wird in das Gefäß gegeben. Je länger man das Messer im Bad lässt, desto dicker wird die Goldschicht.

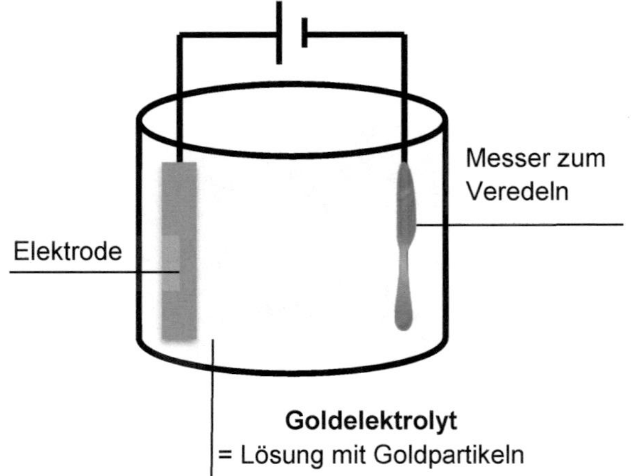

Benenne, welche Wirkung des elektrischen Stroms beim Galvanisieren genutzt wird.

Chemische Wirkung

Galvanisieren: Überziehen eines Metalls mit einer meist dünneren edleren Metallschicht durch Elektrolyse.
Elektrolyte sind Salzlösungen, Laugen oder Säuren, die elektrischen Strom leiten.

✎ Aufgabe 12) Korrosionsschutz

Autos sind jedem Wetter ausgesetzt. Damit sie nicht rosten, werden die einzelnen Autoteile aus Eisen mit einer Zinkschicht überzogen (Korrosionsschutz).
Benenne das Verfahren und die elektrische Wirkung, die genutzt wird, um die Zinkschicht aufzutragen.

Galvanisieren – chemische Wirkung

Hinweise für Lehrkräfte

Allgemeines zur Verwendung der Materialien	
Physikalischer Inhalt	Modell der elektrischen Leitfähigkeit
Unterrichtszeit[1]	15 Minuten

[1] ohne Zusatzaufgaben

Didaktischer Kommentar

Das Bändermodell von Festkörpern mit Leitungs- und Valenzband sowie den Valenzelektronen wurde didaktisch reduziert. Es findet lediglich eine Unterscheidung von freien Elektronen und Elektronen, die fest zum Atomrumpf gehören, statt.

In einem elektrischen Leiter strömen die freien Elektronen. Sie werden durch die elektrische Quelle angetrieben. Ein Material, das keine freien Elektronen besitzt, ist somit ein Isolator.

Mögliche methodische Anregungen

„Bewegte Schule“:

Die Lernenden stellen den Aufbau eines sehr guten Leiters, eines Leiters und eines Isolators auf Teilchenebene nach. Hierzu wird die Klasse beispielsweise in Atomrümpfe und freie Elektronen eingeteilt. Eine zweite Gruppe kann raten, welches Material die erste Gruppe darstellt.

Modell der elektrischen Leitfähigkeit

Alle Menschen, Tiere und Materialien bestehen aus winzigen kleinen Bausteinen, den Atomen.

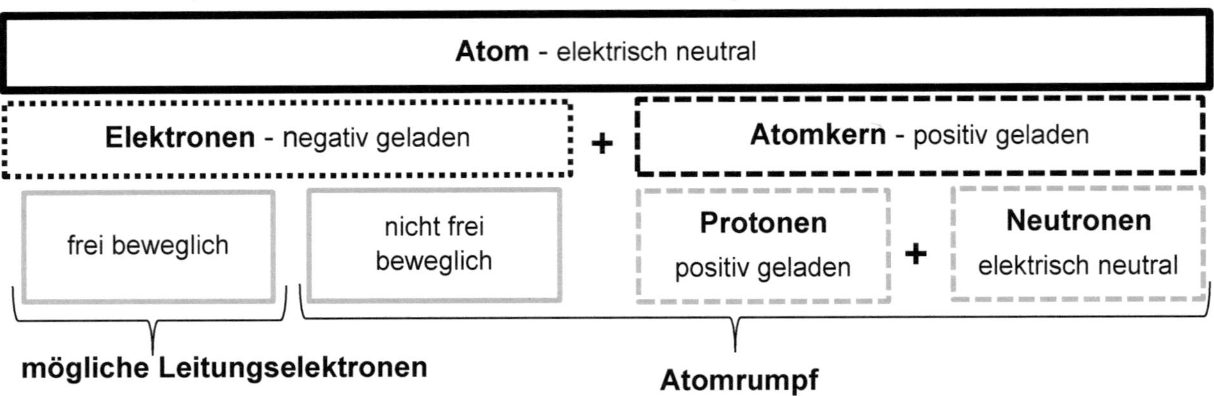

Aufgabe 1) Vorstellung elektrischer Leitfähigkeit

In den Skizzen sind Elektronen als kleine und Atomrümpfe als größere Kugeln dargestellt. Beschreibe die Skizzen und notiere Beispiele für Materialien mit diesen Eigenschaften.

Skizze	Beschreibung der Skizze	Beispiele
Sehr guter Leiter	*Anordnung der Atomrümpfe:* *regelmäßig* *Bewegung der Elektronen:* • *können ungehindert hindurchfließen* • *stoßen kaum mit den Atomrümpfen zusammen*	*Metalle wie Silber, Kupfer, Gold*
Leiter	*Anordnung der Atomrümpfe:* *unregelmäßiger als im sehr guten Leiter* *Bewegung der Elektronen:* *stoßen häufig mit den Atomrümpfen zusammen [Nach einem Stoß bewegen sie sich in Strömungsrichtung weiter – sie bleiben NICHT stecken!]*	*Eisen, Grafit*
Isolator (Nicht-Leiter)	*Anordnung der Atomrümpfe:* *unregelmäßig* *Bewegung der Elektronen:* *es sind keine freien Elektronen vorhanden, die sich bewegen könnten*	*Porzellan, Kunststoff, Gummi und Holz*

✐ Aufgabe 2) Erklärung der elektrischen Leitfähigkeit

Erkläre mit Hilfe des Modells, warum manche Materialien elektrischen Strom leiten und andere nicht. Erkläre außerdem, wie man unterschiedlich gute Leitfähigkeit mit dem Modell deutet.

Sind frei bewegliche Elektronen im Material vorhanden, so handelt es sich um einen Leiter. Sind sie fest an die Atomrümpfe gebunden, ist es ein Isolator. Strom fließt nur, wenn frei bewegliche Elektronen im Material vorhanden sind.

Je besser sich die freien Elektronen durch das Material bewegen können, desto besser leitet dieses den Strom. Dies bedeutet: Je weniger Stöße es mit den Atomrümpfen gibt, umso besser ist die Leitfähigkeit eines Materials.

[Durch die Stöße mit den Atomrümpfen fangen diese an, leicht zu schwingen. Das Material wird hierdurch warm bzw. ein Lämpchen fängt an zu leuchten. Das Material ist ein schlechterer Leiter.]

Hinweise für Lehrkräfte

Allgemeines zur Verwendung der Materialien	
Titel Kontext	Mehr Sicherheit bei Nebel
Physikalischer Inhalt	• Stromstärke • Stromwirkung als Indikator für die Stromstärke
Unterrichtszeit[1]	45 Minuten

[1] ohne Zusatzaufgaben

Didaktischer Kommentar

- Der Stromkreis des Autos wird auf die Autobatterie, Leitungen und eine Lampe reduziert.
- Betrachtung nur eines Autorücklichtes, da die Reihenschaltung von Widerständen noch nicht bekannt ist.
- Die Nebelbeleuchtung wird unabhängig vom regulären Licht des Autos betrachtet. Im Material wird jedoch der Hinweis gegeben, dass die Nebelbeleuchtung nur eingeschaltet werden kann, wenn die reguläre Beleuchtung ebenfalls eingeschaltet ist.
- Je-Umso-Aussage zwischen der Anzahl der fließenden Elektronen pro Zeit und der Wirkung des elektrischen Stroms, um einen kausalen Zusammenhang zu verdeutlichen (aber kein proportionaler Zusammenhang).

Mehr Sicherheit bei Nebel

Statistisches Bundesamt

Zahl der Woche vom 15. November 2016

64 % aller schweren Nebelunfälle ereignen sich in den Monaten Oktober bis Dezember

WIESBADEN - Schwere Verkehrsunfälle, bei denen Nebel die Ursache war, passierten am häufigsten in den Monaten Oktober bis Dezember. In den Jahren 2011 bis 2015 registrierte die Polizei insgesamt 3277 Nebelunfälle. Bei diesen Unfällen verunglückten 3496 Personen, darunter 107 tödlich.

Herausgeber: © Statistisches Bundesamt Pressestelle

Verkehrspsychologie

Verkehrspsychologen haben sich mit den häufig auftretenden Unfällen bei Nebel beschäftigt und kommen zu folgendem Schluss:
Autofahrer fahren dem vorderen Auto so weit auf, bis sie dessen Rücklichter erkennen. Bremst jedoch ein Auto weiter vorne, kann dies aufgrund der schlechten Sichtverhältnisse nicht gesehen werden. Die Zeit, um selbst zu bremsen, ist daher häufig zu gering. Es kommt zu Auffahrunfällen.

✎ Aufgabe 1) Unfälle bei Nebel

Benenne die Hauptursache, warum es bei Nebel zu Unfällen kommt. Gib an, warum sich die Unfälle in den Monaten Oktober bis Dezember häufen.
Die Sicht ist bei Nebel sehr schlecht. In den dunkleren Monaten Oktober bis Dezember gibt es häufiger Nebel und daher auch häufiger Unfälle.

ⓘ Autobeleuchtung bei Nebel

Damit Autos bei Nebel besser sichtbar sind, haben sie extra Scheinwerfer. Vorne am Auto befinden sich die zusätzlichen **Nebelscheinwerfer**, hinten am Heck die zusätzliche **Nebelschlussleuchte**.

✎ Aufgabe 2) Nebelbeleuchtung

Betrachte das Bild und markiere bei den Autos die zu erkennende Nebelbeleuchtung sowie die normalen Lampen in unterschiedlichen Farben.

Hinweis für Lehrkräfte:
Bei jeweils einem Auto erkennt man eine lichtstärkere Rück- bzw. Frontbeleuchtung.

✎ Aufgabe 3) Lampen am Auto

a) Vervollständige die Tabelle.

Arbeitsauftrag:		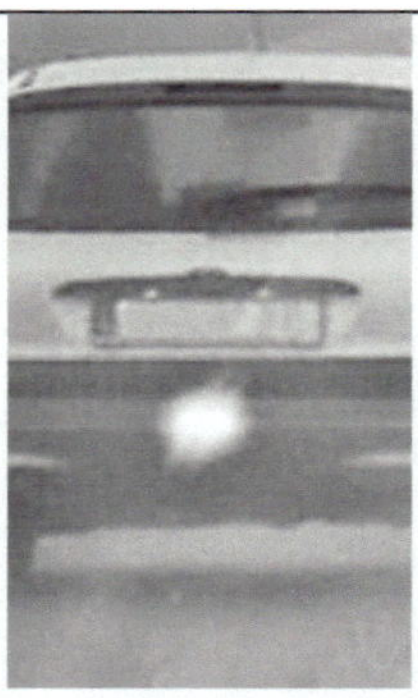
Beschrifte, welche Lampe zu sehen ist.	① *Rückleuchte*	② *Nebelschlussleuchte*
Zeichne den Schaltplan eines Autos mit Autobatterie und entsprechenden Leitungen, bei dem jedoch <u>nur ein Rücklicht</u> funktioniert bzw. <u>nur die Nebelschlussleuchte</u> an ist.	*Autobatterie* 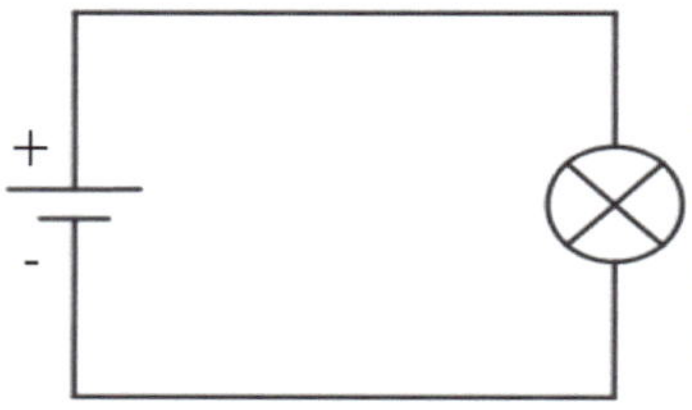 + - *Rücklicht bzw. Nebelschluss-leuchte*	
Vergleiche die Helligkeit der Lampen anhand der Bilder, überprüfe experimentell **Experiment: s. nächste Seite**	*Die Nebelschlussleuchte leuchtet heller als das normale Rücklicht.*	

b) Notiere Ideen, warum die Wirkungen des Stroms beim Rücklicht und der Nebelschlussleuchte unterschiedlich groß sind.
Durch die hellere Lampe fließt mehr Strom [bei gleicher Autobatterie], weswegen die Wirkung größer ist.

Experiment: Zwei verschiedene Glühlampen jeweils in einem Stromkreis

a) Baue die Schaltung mit einem Rücklicht nach. Nutze hierzu Glühlampe 1. Beobachte die Helligkeit der Lampe 1.
b) Ersetze das Rücklicht (Glühlampe 1) durch die Nebelschlussleuchte (Glühlampe 2). Beobachte die Helligkeit der Lampe 2.

Je mehr Elektronen pro Sekunde im selben Elektrogerät fließen, umso größer ist die Wirkung des elektrischen Stroms. Physiker sprechen von einer größeren **Stromstärke**.

Das **Formelzeichen** der Stromstärke ist I.

Die **Einheit** der Stromstärke ist das **Ampere** A. $[I] = A$

Aufgabe 4) Die Nebelschlussleuchte

Erkläre, warum die Nebelschlussleuchte heller leuchtet als ein Rücklicht.

Die Wirkung des Stroms ist bei der Nebelschlussleuchte größer. Durch sie fließt eine größere Stromstärke als durch das Rücklicht.

Aufgabe 5) Regelungen für Nebelbeleuchtung

a) Für die Nebelscheinwerfer und die Nebelschlussleuchte gelten nach der deutschen Straßenverkehrsordnung besondere Regelungen. Analysiere anhand der Grafik, unter welchen Bedingungen diese angeschaltet werden dürfen.

Hinweis:
Die Nebelscheinwerfer und die Nebelschlussleuchte sind nur nutzbar, wenn das normale Licht des Autos eingeschaltet ist.

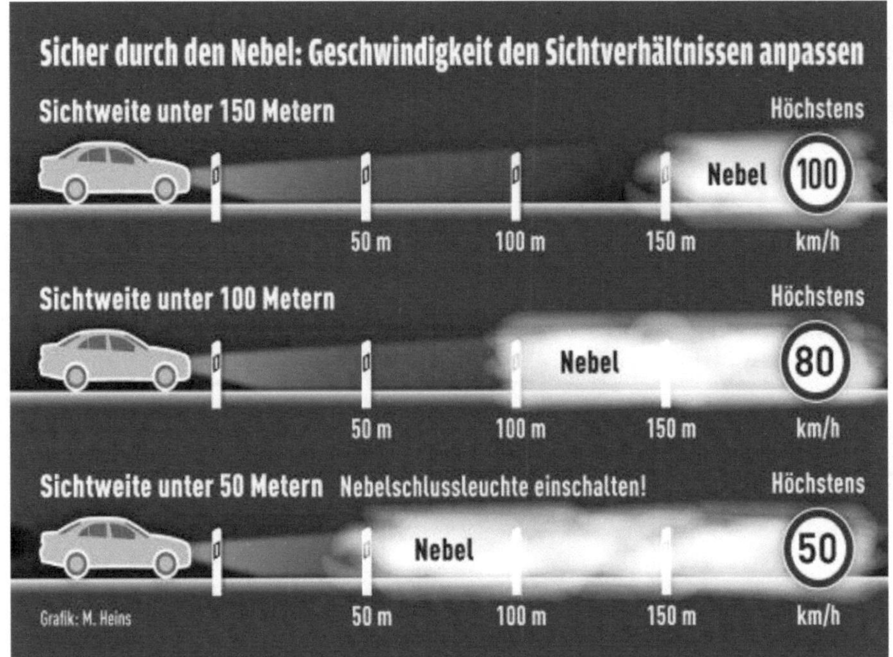

1. *Nebel (Regen genügt nicht)*
2. *Sichtweite muss unter 50 m sein*

→ Geschwindigkeit darf dann höchstens 50 km/h betragen

Ordnungsstrafen bei Nichteinhaltung!

b)

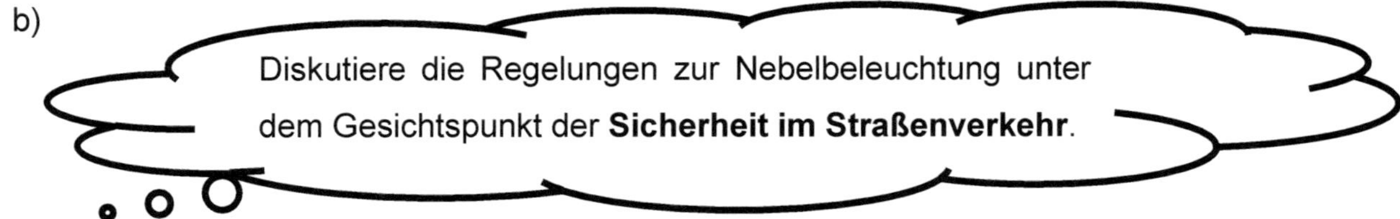

- *Ohne Nebel blendet das helle Licht der Nebelbeleuchtung andere Verkehrsteilnehmer und kann diese dadurch gefährden. Es kann zu Unfällen kommen.*
- *Bei Nebel sind die Sichtverhältnisse stark eingeschränkt, daher ist eine geringere Geschwindigkeit sicherer.*

Zusatzaufgaben

Aufgabe 6) Aussagen zur Stromstärke

Vervollständige Aussage ① und formuliere bei ② und ③ selbst.

① Ein *heller* leuchtendes Lämpchen zeigt eine *größere* Lichtwirkung, es fließen daher *mehr* Elektronen pro Sekunde durch die Lampe.
Die Stromstärke ist *größer*.

② Formuliere eine Aussage über die Stromstärke bei einem Elektromagneten, der mehr Elektroschrott heben kann als ein anderer. Orientiere dich bei der Formulierung an Aussage ①.
Ein stärkerer Elektromagnet zeigt eine größere magnetische Wirkung, es fließen daher mehr Elektronen pro Sekunde durch den Elektromagnet. Die Stromstärke ist größer.

③ Formuliere eine Aussage über die Stromstärke bei einem Heizkissen, das eine geringere Temperatur erreicht als ein anderes. Orientiere dich bei der Formulierung an Aussage ①.
Das Heizkissen mit geringerer Temperatur hat eine kleinere Wärmewirkung, es fließen daher weniger Elektronen pro Sekunde durch das Heizkissen. Die Stromstärke ist geringer.

Aufgabe 7) Stromstärken verschiedener Elektrogeräte

Ordne die folgenden Elektrogeräte nach der Stromstärke, die nötig ist, damit es optimal funktioniert. Beginne bei der größten Stromstärke. Recherchiere gegebenenfalls.
Föhn – batteriebetriebenes Radio – elektrische Armbanduhr– Straßenbahn – LED

Straßenbahn – Föhn – batteriebetriebenes Radio – LED – elektrische Armbanduhr

✎ Aufgabe 8) Strom sparen

Die letzten Tage der Glühlampe

Stand: 30.08.2012 15:44 Uhr

Stufe vier des EU-Verbots: Die Glühlampe wird in Rente geschickt

Ab dem 1. September 2012 dürfen keine Glühlampen mehr verkauft werden, die bei Netzspannung mehr als 0,04 A benötigen. Diese Stromstärke ist vergleichbar mit der Stromstärke, die im Standby-Modus eines PC inklusive Monitor fließt.
Die Glühlampe steht damit faktisch vor dem Aus. Stattdessen sind LED-Lampen auf dem Vormarsch. Für die gleiche Helligkeit im Raum benötigen sie je nach Bauart eine circa zehnmal kleinere Stromstärke als Glühlampen.

Herausgeber: www.tagesschau.de/inland/gluehlampe104.html

Erkläre, warum das EU-Verbot der Glühlampe in Hinblick auf das Thema „Strom sparen" sinnvoll ist. Gehe am Beispiel des Standby-Modus des PCs auch darauf ein, wie noch Strom gespart werden kann.

Durch eine LED fließt zehnmal weniger Strom als durch eine vergleichbare Glühlampe, um die gleiche Lichtwirkung zu erzielen. Deshalb ist sie nützlich, um „Strom zu sparen", da weniger Strom benötigt wird.

Befinden sich Elektrogeräte im Standby-Modus, fließt durch sie noch etwas Strom. Schaltet man sie komplett aus, kann man dies in der Regel umgehen und auch damit „Strom sparen".

Hinweise für Lehrkräfte

Allgemeines zur Verwendung der Materialien	
Titel Kontext	Der Lügendetektor
Physikalischer Inhalt	Elektrische Leitfähigkeit von Flüssigkeiten (Ionenleitung)
Unterrichtszeit[1]	90 Minuten mit Experiment

[1] ohne Zusatzaufgaben

Didaktischer Kommentar

- Der Widerstand der Hand und der Elektroden werden zu einem Ersatzwiderstand zusammengefasst. Der Begriff des Ersatzwiderstandes wird hier noch nicht eingeführt. Er steht für den Stromkreis durch die Haut.
- Es gibt verschiedene Möglichkeiten, die bessere Leitfähigkeit verschwitzter Finger zu erklären:
  - Der Kontaktwiderstand zwischen Haut und Elektrode wird durch den Schweiß geringer.
  - Haut und Schweiß der Hand bilden eine Parallelschaltung, weswegen der Gesamtwiderstand geringer wird und die Stromstärke größer.
  - eine Kombination dieser Möglichkeiten

➡ Der Fokus wird auf die Leitfähigkeit von Schweiß gelegt.

- Ionen werden als geladene Teilchen eingeführt. Didaktisch reduziert wird hierdurch, ob es sich bei den Teilchen um Atome oder Moleküle handelt.
- Zu den Elektroden:
  - Die Elektroden werden in Aufgabe 5b) wie im Experiment gezeichnet. Auf das Schaltsymbol wird an dieser Stelle verzichtet.
  - Material, Eintauchtiefe und Abstand wird nicht thematisiert.
  - Auf Begriffe wie Anode/ Kathode, Anionen/ Kationen wird verzichtet.

Mögliche methodische Anregungen

- Elektrische Leitfähigkeit der Hand mit trockener und feuchter Haut (gelösten Ionen!) demonstrieren: Zwei 4,5 V-Batterien in Reihe mit Leitungen zu zwei Kohleelektroden. Die Hand der Lehrkraft schließt den Stromkreis. Angezeigt wird die Stromstärke in mA.
- Beim Experiment zur elektrischen Leitfähigkeit von Flüssigkeiten (siehe Skizze Aufgabe 5b) ist bei einer 4,5 V-Batterie als Spannungsquelle wichtig, dass die Elektroden fast vollständig ins Wasser eingetaucht sind und sich in geringem Abstand beieinander (keine Berührung!) befinden, damit die Glühlampe leuchtet.

Der Lügendetektor

Der Lügendetektor wurde Anfang des 20. Jahrhunderts von Psychologen entwickelt, um in juristischen Strafverfahren Schuldige zu überführen. In Fachkreisen wird er Polygraph genannt. Dieses Gerät misst körperliche Reaktionen des Menschen. Lügendetektortests wurden und werden heute noch hauptsächlich in den USA angewendet, zum Beispiel bei polizeilichen Ermittlungen oder sogar Bewerbungsgesprächen.

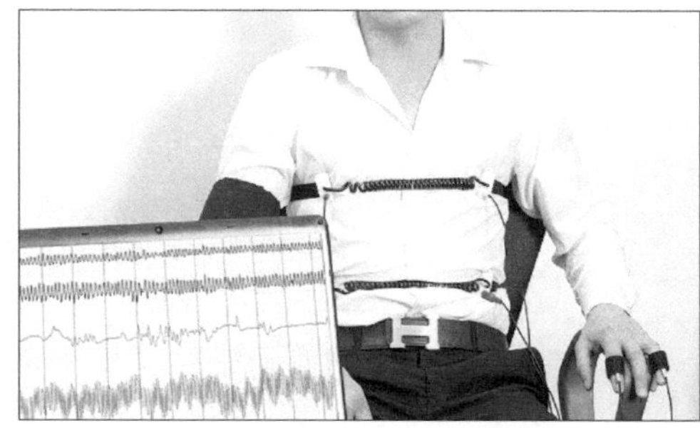

Bild 1: Lügendetektor

✎ Aufgabe 1) Lügen

Nenne körperliche Reaktionen, die einen Menschen beim Lügen entlarven können.

- *dem Blick der anderen Person ausweichen*
- *unruhig werden*
- *Zittern und Schwitzen*
- *im Gesicht rot werden*
- *Herzrasen*
- *Stottern*

ⓘ Messungen beim Lügendetektor

Beim Lügendetektortest werden vier verschiedene Körperfunktionen aufgezeichnet:
① Blutdruck, ② Puls, ③ Atemfrequenz und die ④ elektrische Leitfähigkeit.

Blutdruck, Puls und Atemfrequenz hast du vielleicht schon einmal selbst ermittelt: den Blutdruck mit dem Blutdruckmessgerät zu Hause, den Puls im Sportunterricht mit Zeige- und Mittelfinger oder die Atemfrequenz gezählt (bei Kindern etwa 16 bis 25 Atemzüge pro Minute).

✎ Aufgabe 2) Stromkreis beim Lügendetektor

Um die elektrische Leitfähigkeit zu bestimmen, werden zwei Finger der befragten Person jeweils mit einer **Elektrode** verbunden (siehe Bild 2).

a) Zeichne in Bild 2 einen Schaltplan ein, an dem erkennbar ist,
   - wie der Stromkreis geschlossen wird
   - dass während einer Befragung dauerhaft elektrischer Strom durch den Menschen fließt.

   Tipp: Nutze für den Weg des Stroms durch den Menschen das Schaltsymbol des Widerstandes.

   [Statt des Strommessgeräts ist auch eine Glühlampe möglich. Die Punkte sollen nur den Übergang von Elektrode und Haut verdeutlichen.]

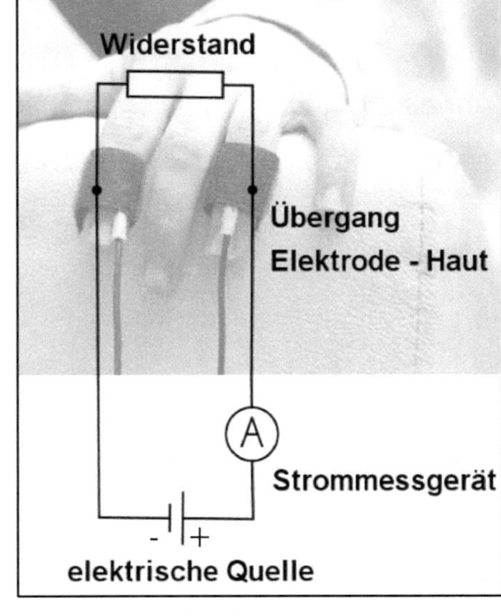

Bild 2: Elektroden an den Fingern

b) Gib Gründe an, warum die Elektroden an den Fingern angebracht werden.

- *an der Hand ist ein Schwitzen deutlich merkbar*
- *an der Hand kann evtl. ein Zittern gesehen werden, das für Nervosität spricht*
- *praktische Gründe: einfach zugängliche Stelle*
- *kurzer und ungefährlicher Weg des Stroms*

c) Beschreibe und erkläre, wie man mit dem Versuchsaufbau erkennt, ob die befragte Person nervös ist.

Erkennbar wird eine gesteigerte Nervosität an einer veränderten Stromstärke oder veränderten Helligkeit der Lampe (beide größer). <u>Durch den Schweiß</u> verändert sich die elektrische Leitfähigkeit. Diese wird größer, weswegen auch die Stromstärke größer ist.

[Wird nur genannt, dass die Hand feucht wird, genügt dies nicht. Grund: Wasser leitet elektrischen Strom nicht per se (s. destilliertes Wasser). Die elektrische Leitfähigkeit von Schweiß wird im Folgenden erklärt.]

Aufgabe 3) Schweiß und Lügendetektor

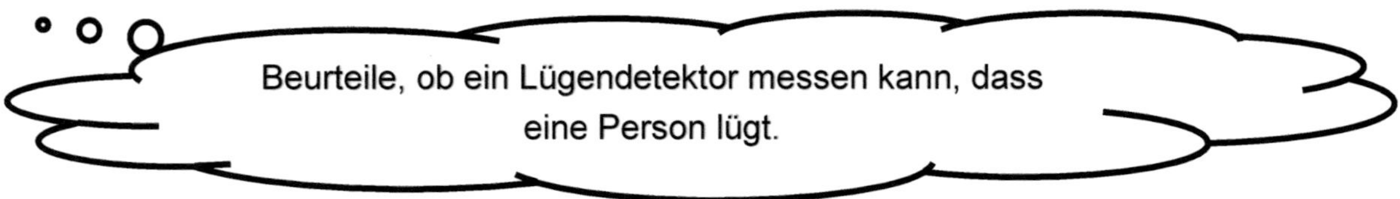

Nein, ein Lügendetektor kann nicht messen, ob ein Mensch lügt. Er kann lediglich <u>Veränderungen von körperlichen Größen</u> aufnehmen.

Ein Polygraph misst z.B. die Stromstärke im Stromkreis. Diese ändert sich aufgrund der elektrischen Leitfähigkeit der Haut bei unangenehmen Fragen. Die Stromstärken werden miteinander verglichen. Die aus der größeren Schweißabgabe gedeutete Nervosität und Angespanntheit kann allerdings auch der Verhörmethode geschuldet sein. Es kann damit nicht ohne Weiteres auf eine Lüge zurückgeschlossen werden.

Warum leitet Schweiß elektrischen Strom gut?

Aufgabe 4) Vom Schwindeln und Schwitzen

a) Gib an, mit welcher Flüssigkeit Schweiß vergleichbar ist. *Salzwasser*

Tipp: Hast du Schweiß z.B. nach dem Sport schon mal geschmeckt?

b) Zeichne den Schaltplan eines möglichen Experiments, um die Leitfähigkeit dieser Flüssigkeit zu untersuchen. Beschrifte alle Bauteile.

Erkläre, woran am Experiment deutlich wird, dass eine Flüssigkeit elektrischen Strom besser leitet als eine andere.

Aufbau:

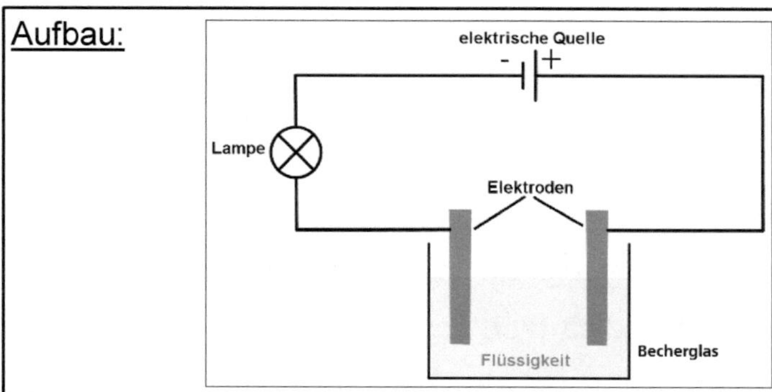

Leuchtet die Lampe, leitet die Flüssigkeit elektrischen Strom.

Je heller die Lampe leuchtet, umso besser leitet die Flüssigkeit elektrischen Strom.

c) Stelle Hypothesen auf, welche Flüssigkeiten elektrischen Strom leiten (z.B. destilliertes Wasser, Salzlösung, Leitungswasser) und überprüfe diese mit dem Experiment. Protokolliere die Beobachtungen in deinem Heft.

Experiment: elektrische Leitfähigkeit von Flüssigkeiten

leitet: *Salzwasser, Leitungswasser [Hinweis: bei Batteriespannung leuchtet die Lampe nicht, da die Stromstärke zu gering ist], …*

leitet nicht: *Destilliertes Wasser*

Aufgabe 5) Ionenleitung

Nicht alle Flüssigkeiten leiten elektrischen Strom, dies hängt von der chemischen Zusammensetzung ab. Schweiß besteht aus Wasser (H_2O) und dem Salz Natriumchlorid (NaCl). In einer wässrigen Lösung trennen sich die Teilchen des Natriumchlorids in Natrium-Ionen und Chlorid-Ionen. Sie können sich im Wasser frei bewegen.

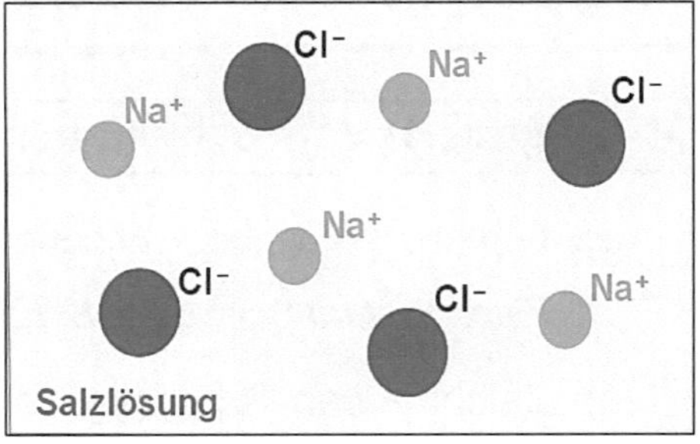

Ionen sind Teilchen, die elektrisch positiv oder negativ geladen sind.
Elektrischer Strom ist die Bewegung elektrisch geladener Teilchen, in diesem Fall Ionen.

a) Gib im folgenden Text an, welche elektrische Ladung Chlorid-Ionen und Natrium-Ionen in einer wässrigen Lösung besitzen.

Die Natrium-Ionen (Kurzschreibweise **Na^+**) sind **einfach** *negativ* geladene Teilchen. Dies erkennt man am hochgestellten *Minuszeichen*. Sie haben **ein Elektron zu wenig**. Chlorid-Ionen (Kurzschreibweise **Cl^-**) sind **einfach** *positiv* geladene Teilchen. Dies erkennt man am hochgestellten *Pluszeichen*. Sie haben **ein Elektron zu viel.**

b) Ist die Salzlösung Teil eines Stromkreises, bewegen sich die Ionen zu den Elektroden. Zeichne mit Hilfe von **Pfeilen** jeweils die Richtung ein, in die sich die Ionen bewegen.

c) Ergänze den Ergebnissatz zur elektrischen Leitfähigkeit in Flüssigkeiten, indem du die Lücken ausfüllst.

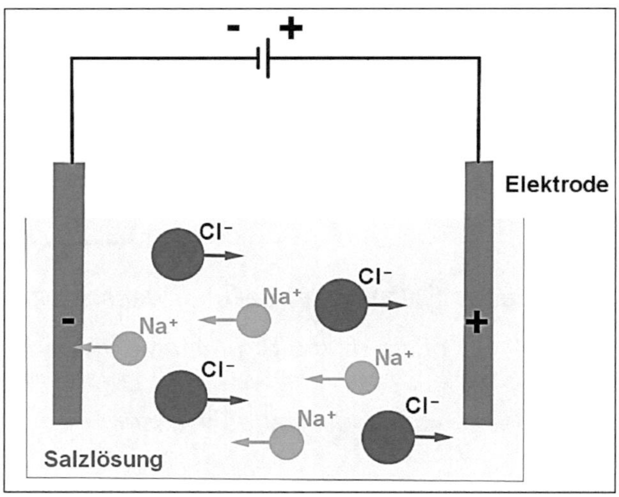

Durch die Bewegung der Ionen findet ein *Ladungstransport* in der Flüssigkeit statt. Die positiv geladenen Ionen wandern zum *Minus*-Pol und die negativ geladenen Ionen wandern zum *Plus*-Pol der elektrischen Quelle. Der Transport von Ladungen ist elektrischer *Strom*. Daher können nur Flüssigkeiten, die *elektrisch geladene* Teilchen (Ionen) beinhalten, elektrischen Strom leiten.

Hilfe

Hilfe: Minus, Plus, elektrisch geladen, Ladungstransport, Strom

Zusatzaufgaben

Aufgabe 6) Lässt sich ein Lügendetektor austricksen?

Lügendetektoren werden in den USA auch bei Bewerbungsgesprächen eingesetzt. Im bekannten Kinofilm „Ocean's 13“ wird eine solche Szene gezeigt. Die Akteure des Films planen einen Raubüberfall auf ein großes Kasino. Um die Spielautomaten im Kasino zu manipulieren, bewirbt sich einer der Hauptfiguren bei einer Firma für Kartenmischautomaten. Bei dem Bewerbungsgespräch steckt er sich Reißzwecken in den Schuh. Damit kann er den Lügendetektortest austricksen.

Erkläre mit Hilfe der Informationen zum Kontrollfragentest, wie in „Ocean's 13“ der Lügendetektor ausgetrickst werden konnte.

Kontrollfragentest

Für das Testverfahren eines Lügendetektors ist die Fragetechnik am wichtigsten. Erst mit gut durchdachten Fragen kann der Wahrheitsgehalt der Antworten analysiert werden. Der Kontrollfragentest unterscheidet zwei Fragetypen: **Tat- und Kontrollfragen**.

Bei Tatfragen wird der Verdächtige direkt zur Tat befragt. Die Kontrollfragen beziehen sich auf unangenehme Umstände im Leben des Verdächtigen, nicht auf die Tat.

Es wird davon ausgegangen, dass eine schuldige Person beim Lügendetektortest stärker auf die Tatfragen reagiert als auf die Kontrollfragen. Im Gegensatz dazu zeigt ein Unschuldiger stärkere Reaktionen auf die Kontrollfragen als auf die Tatfragen.

Bei den Kontrollfragen drückt der Schauspieler mit seinen Füßen auf die Reißzwecken, um sich selbst Schmerzen zuzufügen. Damit beantwortet er die Kontrollfragen mindestens auf demselben Stress- und Nervositätsniveau wie die Tatfragen. Er reagiert wahrscheinlich sogar noch auffälliger auf die Kontrollfragen als auf die Tatfragen, was darauf schließen lässt, dass er nicht lügt, sondern die Wahrheit sagt. [Laut Aussagen aus dem Internet soll dieser Trick sogar durch das Zusammenkneifen der Pobacken funktionieren.]

Hinweise für Lehrkräfte

Allgemeines zur Verwendung der Materialien	
Titel Kontext	Elektrotherapie bei Sportlern
Physikalischer Inhalt	• Vertiefung der Ionenleitung • Positive Wirkungen und Gefahren elektrischen Stroms in Abhängigkeit von Stromstärke und Einwirkdauer auf den Menschen
Unterrichtszeit[1]	60 Minuten

[1] ohne Zusatzaufgaben

Didaktischer Kommentar

- Betrachtet wird die Elektrotherapie mit Gleichstrom, die Galvanisation. Die Therapie mit Wechselstrom zum Muskelaufbau wird im Vergleich genannt.
- Die Gefahr bei Gleichstrom steht im Fokus (Wechselstrom als Informationstext). Weitere Faktoren neben der Stromstärke und der Einwirkdauer des Stroms werden in Aufgabe 3f) aufgezählt. Die hier genannten Lösungen betreffen alle den elektrischen Widerstand durch den menschlichen Körper (z.B.: elektrischer Widerstand ist im gleichen Stromkreis beim Kind geringer als beim Erwachsenen, was an der Gewebemenge liegt). Der elektrische Widerstand wird an dieser Stelle noch nicht (ausführlich) behandelt.
- Die Prozesse im Muskel sind stark vereinfacht dargestellt (keine Ionenkanäle, kein Ionengefälle zwischen Muskelinnerem und dem äußeren Gewebe etc.).
- Begriffe wie Anode/Kathode und Anionen/Kationen werden nicht genannt.
- Elektroden sehen aus wie Klebeelektroden, die eventuell vom Arzt bekannt sind. Auf das Schaltsymbol der Elektrode wird verzichtet.
- Der Abbau des Hämatoms wird auf die stärker angeregte Durchblutung und die hierdurch transportierten Stoffe im Blut reduziert. Der enzymatische Abbau in seinen einzelnen Schritten (verschiedene Farbe von Hämatomen) wird nicht angesprochen.

Mögliche methodische Anregungen

Demonstrationsexperiment zur Verdeutlichung der Gefahr elektrischen Stroms: Wiener Würstchen an eine Spannung von 230 V anschließen, so dass es sich erwärmt und ggf. aufplatzt.

Elektrotherapie bei Sportlern

Interview mit der Physiotherapie-Praxis *Olymp*

Die Physiotherapie-Praxis Olymp ist Partner des Olympiastützpunktes Rheinland und zählt daher viele **Spitzensportler** zu ihren Patienten. Im Interview verrät der Physiotherapeut Uwe Reiz, wie Spitzensportler hier wieder fit gemacht werden.

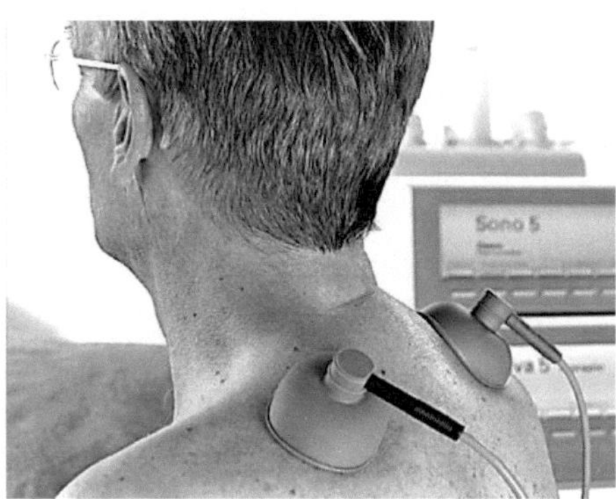

Kommen viele Spitzensportler zu Ihnen in die Praxis für eine Behandlung?

Ja - Der Spitzensport fordert zunehmend mehr von Sportlern. Die Beanspruchung des Körpers hat stark zugenommen und die Verletzungsgefahr hat sich erhöht. Entsprechend ist die Anzahl an Patienten gestiegen.

Können Sie den Lesern sagen, welche Spitzensportler Sie behandeln?

Aus Datenschutzgründen - leider nicht. Ich kann nur so viel verraten: Fußballer, Leichtathleten und Handballer kommen am häufigsten in die Praxis.

In welcher Sportart besteht die höchste Unfallquote?

Laut Statistik beim Fußball. Hier sind Verletzungen am Oberschenkelmuskel am häufigsten.
Fällt ein Spieler verletzungsbedingt aus, ist dies für den Verein ein großer Verlust.
Lionel Messi schoss in Spanien in der Saison 2017/18 34 Liga-Tore. Eine schnelle Wiederherstellung des Sportlers (Regeneration) ist somit wichtig.

Mit welchen Therapieformen unterstützen Sie Sportler?

Je nach Verletzung helfen Massagen, Wärme-/ Kälteanwendungen oder Krankengymnastik. Eine weitere Möglichkeit ist die **Elektrotherapie**. Sie wendet Strom an, um Krankheiten und Verletzungen zu behandeln.

Heilung durch Strom – wie kann man sich das vorstellen?

Die Behandlung heißt Galvanisation. Sie wurde nach ihrem Erfinder Galvani benannt.
Bei Muskelverletzungen wie Prellungen mit tief im Muskel liegendem Bluterguss oder akuten Muskelzerrungen werden dem Patienten zwei Elektroden an der entsprechenden Körperstelle angebracht, sodass Strom durch den Muskel fließt. Die Anwendung dauert 5 bis 30 Minuten und kann täglich durchgeführt werden. Der Muskel wird dadurch stärker durchblutet und der Heilungsprozess beschleunigt. Mit dieser Methode können auch Medikamente tief unter die Haut eingebracht werden.

Vielen Dank Herr Reiz für den Einblick in Ihre Arbeit!

Artikel: Max Müller
24.07.2018

Aufgabe 1) Stromkreis am Muskel

Eine Fußballspielerin und ein Handballer werden mit der Elektrotherapie „Galvanisation" behandelt: Die Fußballerin am Oberschenkelmuskel, der Handballer am Schultermuskel und am Bizeps (siehe Bild).

Vervollständige die Stromkreise bei der Elektrotherapie an den einzelnen Muskeln, indem du die fehlenden Bauteile (elektrische Quelle, Leitungen, Widerstand) einzeichnest.
Bereits eingezeichnet sind die Elektroden auf der Haut ▢ (kein offizielles Schaltsymbol!) und beim Oberschenkel der Widerstand des Gewebes —▭—.

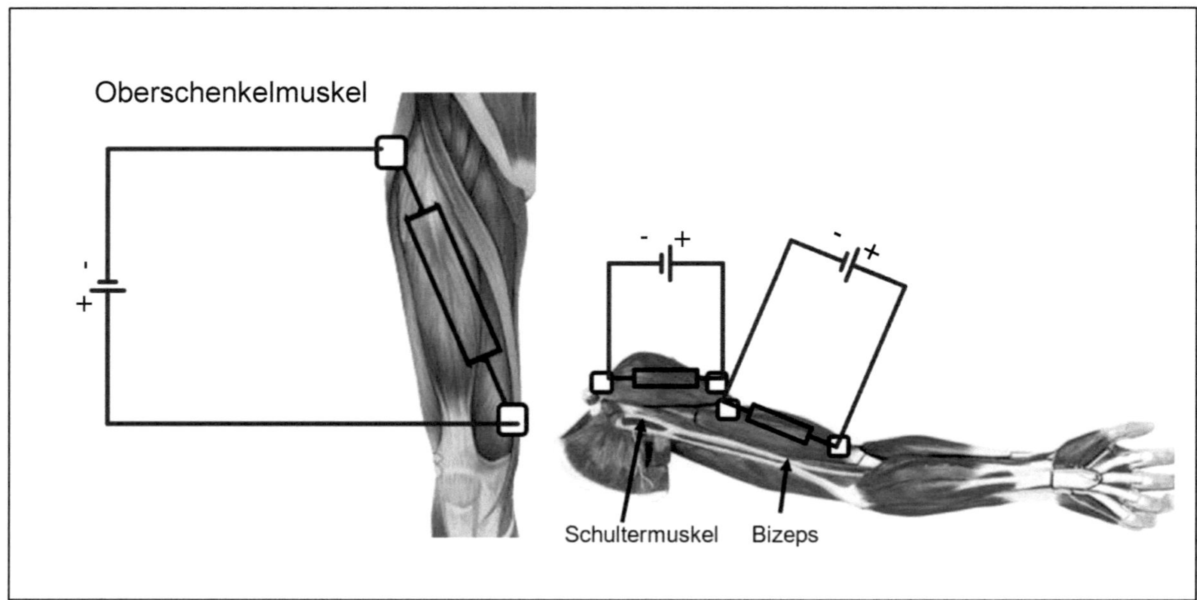

Wie funktioniert die Elektrotherapie „Galvanisation", nachdem die Elektroden angebracht wurden?

ⓘ Ionenleitung im Gewebe

Das menschliche Gewebe besteht aus verschiedenen Zellen wie Nerven- und Muskelzellen. Darin befindet sich Gewebeflüssigkeit, die wiederum **Ionen (geladene Teilchen)** enthält. In der Gewebeflüssigkeit sind dies zum Beispiel Calcium-, Natrium-, Kalium- und Chlorid-Ionen.

✎ Aufgabe 2) Wie funktioniert die Elektrotherapie?

a) Die Kurzschreibweise der Ionen aus dem Gewebe steht in der Tabelle. Gib an, ob die Ionen positiv/negativ geladen sind und wie viele Elektronen zu wenig oder zu viel vorhanden sind.

Ion	Kurzschreib-weise	Elektrische Ladung (positiv/negativ)	Anzahl überschüssiger/ fehlender Elektronen
Natrium	Na^{+}	*einfach positiv, anhand des hochgestellten + erkennbar*	*1 fehlendes Elektron*
Calcium	Ca^{2+}	*zweifach positiv, s.o. und der 2*	*2 fehlende Elektronen*
Kalium	K^{+}	*einfach positiv, s.o.*	*1 fehlendes Elektron*
Chlorid	Cl^{-}	*einfach negativ, anhand des hochgestellten - erkennbar*	*1 Elektron zu viel*

b) Wird der Muskel über die Elektroden mit einer elektischen Quelle verbunden, bewegen sich die Ionen im Gewebe zu den Elektroden hin.

Zeichne mit Pfeilen die Richtung ein, in die sich die Ionen bewegen werden.

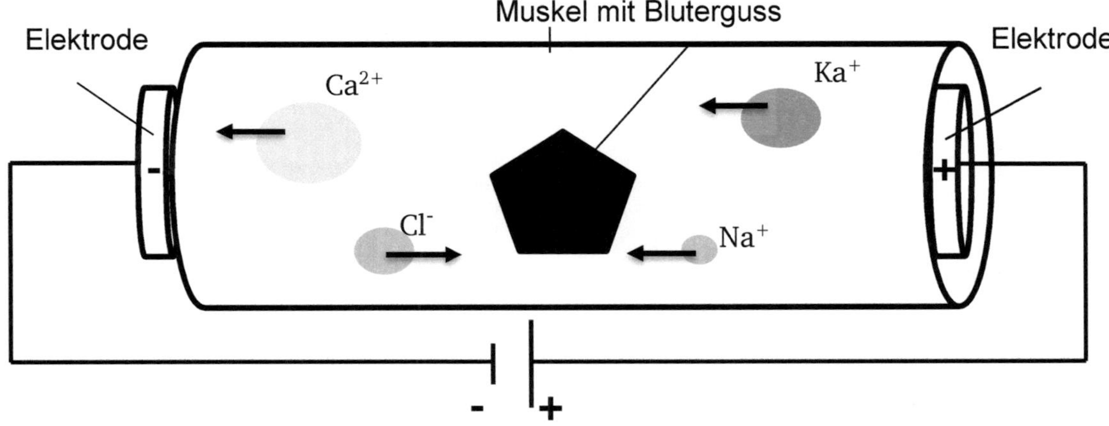

c) Erkläre, warum der elektrische Strom im Muskel hilft, den Bluterguss schneller abzubauen. Nutze hierzu folgende Hilfestellung:

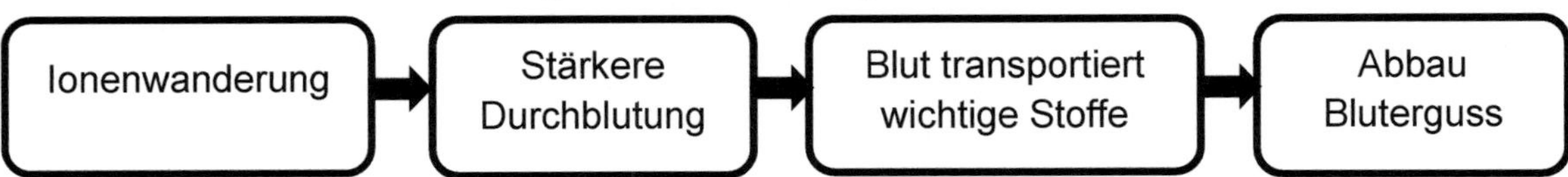

Durch die elektrische Quelle kommt es zu einer Ionenwanderung im Muskel zu den Elektroden. Das heißt, dass positiv geladene Ionen zur negativ geladenen Elektrode wandern und umgekehrt. Bewegte Ladungen sind elektrischer Strom. Hierdurch wird eine stärkere Durchblutung des Muskels angeregt. Das Blut transportiert wiederum wichtige Stoffe [in diesem Fall Enzyme], die den Abbau des Blutergusses beschleunigen. Durch eine größere Menge Blut, können mehr Stoffe transportiert werden.

Der menschliche Körper **leitet** elektrischen Strom, indem die **Ionen** durch das Gewebe **wandern**. Dies macht sich die **Elektrotherapie** zunutze.

✎ Aufgabe 3) Einstellung der Elektrotherapie am Patienten

Wird ein Patient mit der Elektrotherapie behandelt, muss das Gerät richtig eingestellt werden! Strom kann für den Menschen gefährlich sein!

Welche Einstellungen sind gefährlich, welche nicht?

Betrachte hierzu das Stromstärke-Zeit-Diagramm und beantworte nachfolgende Aufgaben:

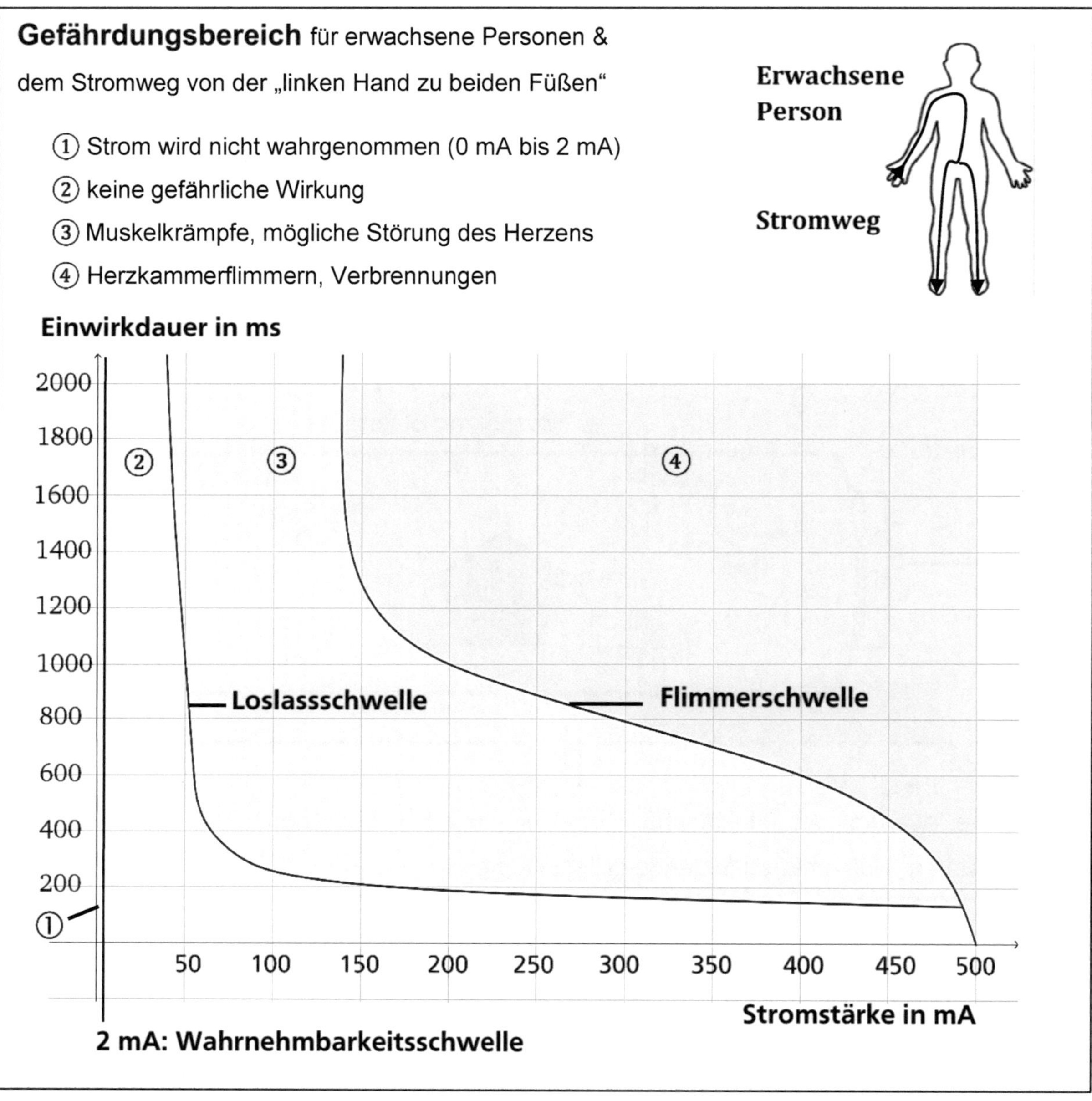

a) Gib an, welche Bereiche ①-④ für den Menschen gefährlich sind, welche nicht.
nicht gefährlich: ① und ②
gefährlich: ③ und ④

b) Gib die Stromstärke an, ab der der Mensch elektrischen Strom wahrnimmt.
2 mA [ist unabhängig von der Einwirkdauer]

c) Erkläre, warum das Überschreiten der Loslass- und Flimmerschwelle vermieden werden sollte. Ordne diese Begriffe zunächst der richtigen Beschreibung zu.

ⓘ Loslass- und Flimmerschwelle

<u>Loslassschwelle</u>
Ab dieser Schwelle verkrampfen die Muskeln so stark, dass ein Leiter nicht mehr selbstständig losgelassen werden kann.

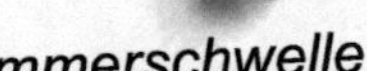

<u>Flimmerschwelle</u>
Ab dieser Schwelle wird Herzkammerflimmern ausgelöst.

Das Überschreiten der Loslassschwelle führt dazu, dass elektrische Leiter nicht mehr selbstständig losgelassen werden können. Eine Möglichkeit, sich selbst aus dieser Situation zu befreien, ist daher schwierig. Es bedeutet auch, dass die Muskeln so sehr verkrampfen, dass man keinen Einfluss mehr auf sie hat. Zudem können Funktionen des Herzens bereits gestört werden (lebensgefährlich). Das Überschreiten der Flimmerschwelle bedeutet Herzkammerflimmern oder sogar Verbrennungen der Haut und ist damit akut lebensgefährlich.

d) Ermittle bei einer Einwirkdauer von 1000 ms (= 1 s), ab welcher Stromstärke die Loslassschwelle erreicht ist und ab welcher Stromstärke Kammerflimmern einsetzt.

$I_{Loslassschwelle} = 50\ mA$ $\qquad$ $I_{Herzkammerflimmern} = 200\ mA$

e) Gib an, wie sich bei einer Stromstärke von 100 mA die unterschiedlichen Einwirkdauern von 200 ms und 1200 ms auf den Menschen auswirken.

Bei einer Einwirkdauer von 200 ms ist mit keiner körperlichen Gefährdung zu rechnen. Bei einer Einwirkdauer von 1200 ms hingegen kann das Herz Schaden nehmen.

f) Fasse aus d) und e) zusammen, von welchen Faktoren die Gefahr für den Menschen abhängt. Benenne weitere Faktoren anhand der Diagrammüberschrift.

- *Die Gefahr hängt von der Einwirkdauer und der Stromstärke ab!*
- *Weitere Faktoren, die den Widerstand beeinflussen:*
    - *Erwachsener oder Kind*
    - *Stromweg durch den Menschen*
    - *Leitfähigkeit der Kontaktstelle (z.B. Hautbeschaffenheit)*
    - *[Gleich-/Welchselstrom, siehe unten]*

g) Analysiere, welcher Bereich für die Elektrotherapie „Galvanisation“ sinnvoll ist.

Sinnvoll ist Bereich ②, da der Strom wahrgenommen wird und eine Wirkung hat, diese jedoch nicht gefährlich ist.

ⓘ Informationstext: Gleich- und Wechselstrom

Ein weiterer Faktor, der bestimmt, wie groß die Gefahr des Stroms für den Menschen ist, ist die **Art des Stroms**.

	Gleichstrom	**Wechselstrom**
Beispiel elektrische Quelle	Batterie	Steckdose zu Hause
Anwendung	Galvanisation, um Blutergüsse abzubauen	Reizstromtherapie, um Muskeln aufzubauen
Eigenschaft	Strom, der in eine Richtung mit einer konstanten Stromstärke (bei gleichem Widerstand) fließt	Strom, der in festen Abständen seine Richtung ändert und dessen Stromstärke schwankt.
Modell: Bewegung der Elektronen	Elektronen fließen in eine Richtung mit konstanter Geschwindigkeit	Elektronen schwingen um einen festen Platz

Wechselstrom ist bei kleineren Stromstärken bereits gefährlich. Dies liegt an den schneller verkrampfenden Muskeln (Loslassschwelle ist geringer) und dem Herzrhythmus, der versucht, sich an den Rhythmus des Stroms anzupassen. Es kommt daher schneller zu Herzkammerflimmern als bei Gleichstrom.

✎ Aufgabe 4) Gefahr für den Menschen

Formuliere eine Je-Umso-Aussage über die Gefahr/Wirkung des elektrischen Stroms für den Menschen in Hinblick auf <u>Stromstärke</u> und <u>Einwirkdauer</u> des Stroms.
Markiere diese Aussage rot!

Je größer die Stromstärke und je größer die Einwirkdauer des Stroms ist, umso größer ist die Gefahr durch den Strom für den Menschen.

Zusatzaufgaben

Aufgabe 5) Elektrotherapie verboten!

Bei Personen mit Implantaten aus Metall, die nach einem Knochenbruch eingesetzt wurden, ist die Elektrotheraphie verboten. Erkläre dies.

Metalle, wie sie in Implantaten vorkommen, leiten den elektrischen Strom besonders gut. Die Stromstärke ist daher höher und die Gefahr für den Menschen durch elektrischen Strom nimmt zu. [Herzschrittmacher können negativ beeinflusst werden.]

Aufgabe 6) Anwendung der Elektrotherapie: Iontophorese

Die Elektrotherapie wird auch genutzt, um Medikamentenwirkstoffe tief unter die Haut einzubringen. Genutzt wird dies bei Sportlern, aber auch in der Kosmetik. Hierzu wird die Haut mit dem Medikament eingecremt und dann die Elektroden darauf angebracht.

Erkläre, was das Medikament erfüllen muss, damit es mit der Elektrotherapie tief in das Gewebe transportiert wird.

Damit das Medikament tief in das Gewebe eindringt, muss es elektrisch geladen sein (positiv/negativ), damit die „Medikament-Ionen“ von den Elektroden angezogen oder abgestoßen werden.
Ideal ist nur ein Ladungsvorzeichen der Ionen. Das Medikament wird dann unter der gleich gepolten Elektrode aufgetragen.

Aufgabe 7) Herzkammerflimmern

Zu Herzkammerflimmern kann es schon bei weit geringeren Stromstärken kommen als man im Graphen ablesen kann. Gib hierfür mögliche Gründe an.

Liegt das Herz unmittelbar im Stromweg, genügt eine weitaus geringere Stromstärke, um Herzkammerflimmern auszulösen.
Das Herz reagiert auf Wechselstrom empfindlicher als auf Gleichstrom, da es versucht, sich dem Rhythmus des Wechselstroms anzupassen, wodurch Herzkammerflimmern schneller ausgelöst werden kann.

✎ Aufgabe 8) Achtung: Verätzungsgefahr!

Durch die anliegende Spannung an den Elektroden wandern die Ionen im menschlichen Körper. Durch die anhaltende Veränderung der Ionenkonzentration bildet sich am positiven Pol eine Salzsäure (HCl) und am negativen Pol eine Natronlauge (NaOH). Es besteht somit Verätzungsgefahr!

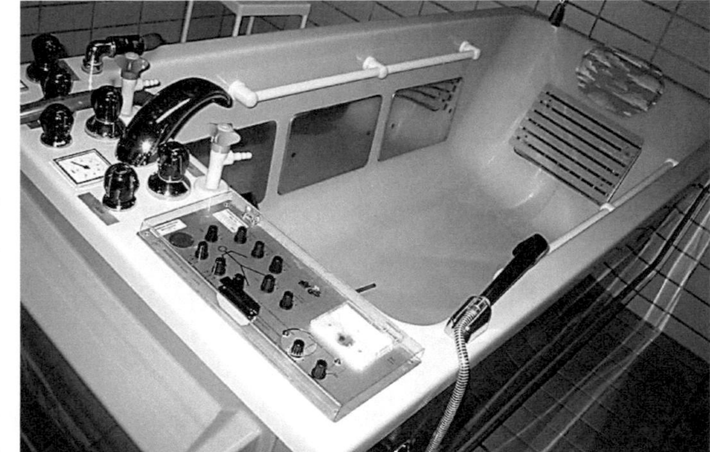

Um dies zu vermeiden, legt man große Schwämme zwischen Haut und Elektrode oder wendet die Galvanisation in sogenannten hydroelektrischen Vollbädern an (siehe Bild). Die Elektroden haben dann keinen direkten Kontakt zur Haut, da sich zwischen Elektrode und Körper Wasser befindet.

Erkläre, warum Schwämme oder das hydroelektrische Vollbad Verätzungen bei der Galvanisation vermeiden.

Die Ionen wandern durch die Haut hindurch. Durch die Schwämme oder das Wasser zwischen Haut und Elektroden ist die Konzentration der sich bildenden Säure/Lauge direkt an der Haut geringer („wird verdünnt“).

[Das Wasser in den Schwämmen oder im Vollbad stellt außerdem einen guten leitenden Kontakt zur Haut her (geringerer Übergangswiderstand)].